HELMUT HERRMANN

Biergarten-wanderungen in Franken

HEINRICHS-VERLAG GMBH
Bayerische Verlagsanstalt Bamberg

INHALT

Vorwort 4

Die Biergartenwanderungen

1 **Durch das liebliche Steinbachtal ins Taubertal
und nach Rothenburg** 6

2 **Zu Kulturdenkmälern aus römischer und karolingischer Zeit**
Einkehr im Wettelsheimer Keller 12

3 **Von der Grafschaft Pappenheim zur Reichsstadt Weißenburg**
Einkehr im Dorfgasthaus in Suffersheim 18

4 **Bergauf und bergab in der Hersbrucker Alb**
Einkehr unter der alten Linde in Kersbach und
auf dem Michelsberg oberhalb Hersbruck 26

5 **Zum Kreuzberg im Aischgrund bei Forchheim**
Wanderung zu sieben Bierkellern 33

6 **Blütenwanderung zum Walberla und nach Pretzfeld**
Einkehr bei der Landbrauerei in Hetzelsdorf 42

7 **Zur Friesener Aussichtswarte und nach Buttenheim**
Einkehr im Biergarten in Ketschendorf und
am Senftenberger Keller 49

8 **Zu urtümlichen Bierkellern an der Langen Meile
und zur Vexierkapelle** 58

9 **Im Herzen der Fränkischen Schweiz**
Einkehr im Maihof in Köttweinsdorf 66

10 **Rundwanderung bei Strullendorf**
Bierkeller im Nahbereich von Bamberg 73

11 Zur Ritterburg Giech und zur Wallfahrtskapelle Gügel
Stille Biergärten an der Gügelkapelle und in Meedensdorf 81

12 Zum Heiligen Veit von Staffelstein
Einkehr im Lindenbiergarten am Staffelberg und im
Kastanienbiergarten in Prächting 90

**13 Auf dem Pilgerweg nach Vierzehnheiligen und
zur Karolinenhöhe** 100

14 Zum Kordigast, einer Aussichtswarte im Obermaintal
Einkehr im Gasthaus Steinerne Hochzeit 108

15 Unterwegs im Herzogtum Coburg
Einkehr im Park von Schloss Rosenau 116

16 Täler und Mühlen im Frankenwald
Vom Pressecker Knock zur Kleinrehmühle 124

17 Waldeinsamkeit im nördlichen Fichtelgebirge
Zum Kornberg und zum Gasthaus „Altes Pfarrhaus"
nahe der Grenze zu Tschechien 131

18 Bergausblicke von Ochsenkopf und Nußhardt
Zum Seehaus im zentralen Fichtelgebirge 138

**19 Vom Fichtelgebirge durch das Ölschnitztal
nach Bad Berneck**
Einkehr in der Waldschänke in Schweinsbach
und in der Entenmühle 146

**20 Durch das Tal des Roten Mains zu den Schlössern
von Bayreuth-Eremitage**
Einkehr im italienischen Biergarten von Kamerun 153

VORWORT

Vieles ginge besser, wenn man mehr ginge.
(Johann Gottfried Seume, 1763 – 1810)

Mit diesem kleinen Buch soll Lust am Wandern geweckt werden. Franken mit seiner reichen geschichtlichen Vergangenheit, seinen Kunstschätzen und seinen unterschiedlichsten Landschaften bietet hierzu unzählige Möglichkeiten. Mit der getroffenen Auswahl soll dem Leser die ganze Vielfalt fränkischer Landschaft vor Augen geführt werden. Wandern ist, wenn man es vernünftig betreibt, nicht ein langweiliges Dahintrotten durch Wald und Flur, sondern kann bei richtiger Wahl der Wanderstrecke eine spannende Unternehmung sein, ein Fitnessprogramm für den Körper und eine Labsal für die Seele.

Der Wanderer ist meist kein Asket, darum ist auch Labsal für den Magen eine Notwendigkeit. In der schönen Jahreszeit ist die Aussicht auf eine Einkehr in einem fränkischen Biergarten oder einem Bierkeller ein zusätzlicher Anreiz, sich auf den Weg zu machen. Unter den zahllosen Biergärten in Franken konnten nur einige Berücksichtigung finden, nämlich solche, die einerseits an geeigneten schönen Wanderstrecken liegen und die andererseits durch besondere Vorzüge dem Verfasser aufgefallen sind. Dabei war einem stillen baumbeschatteten Garten der Vorzug zu geben vor einer lauten Sonnenschirmterrasse. Einem Speisenangebot aus der Region und einem Bier vom Ort war bei der Auswahl der Gastwirtschaft der Vorrang einzuräumen vor Allerweltsküche und Großbrauereibier. Als ideal anzusehen ist es, wenn der Wirt selbst schlachtet und wurstet, braut, Brot bäckt, Schnaps brennt und Butter sowie Frischkäse herstellt.

Echte Bierkeller (zum Bierkellerbegriff siehe Wanderung 7) gibt es im Bamberger und Forchheimer Raum noch in größerer Zahl. Bei diesen findet man mehr als in anderen Regionen noch unverfälschtes fränkisches Ambiente. Deshalb ergibt sich für die Region um Bamberg eine gewisse Häufung der Tourenvorschläge. In diesem Bereich sind nur wenige Wege markiert. Zur Erleichterung der Wegfindung sind generell Wegbeschreibungen und Kartenskizzen beigefügt. Der Erwerb einer Wanderkarte ist allerdings in jedem Fall notwendig. Auch ein Kompass nützt manchmal dem Wanderer.

Die im Buch enthaltenen Wanderungen sind mit durchschnittlich drei bis fünf Stunden Gehzeit (ohne Pausen, bei mittlerem Wandertempo) mehr als reine Spaziergänge. Sie sind im allgemeinen so vorgesehen, dass nach einer Teilstrecke am Vormittag der erste Biergarten zur Einkehr lockt und weitere empfehlenswerte Gartenlokale am Weg dann noch folgen. Für den Wanderer, der mit dem Auto derartige Ausflüge durchführen will, ergeben sich schnell Promilleprobleme. Deshalb wurden sämtliche Wanderungen so geplant, dass Anfangs- und Endpunkt mit öffentlichen Verkehrsmitteln erreichbar sind. So muss man sich das zweite oder dritte Bier nicht versagen. Nebenbei tut man auf diese Weise etwas für die Umwelt. Das Fahren mit Zug und Bus ist auch nicht so schwierig und kostspielig, wie manche meinen. Verkehrsverbund Nürnberg und Bahn bieten günstige Tagesfahrkarten an.

Aus dem Bereich Nürnberg – Erlangen – Bamberg lassen sich sämtliche vorgeschlagenen Wanderungen mit öffentlichen Verkehrsmitteln gut durchführen. Wer alle oder die meisten Tourenvorschläge dieses Büchleins in die Tat umgesetzt hat, kann von sich sagen, dass er Franken in seiner Vielfalt und Schönheit abseits der üblichen Tourismuspfade nahe gekommen ist. Er wird vielleicht ähnlich empfinden, wie der Dichter Karl Immermann es schon vor 200 Jahren ausgedrückt hat:

Franken ist ein Zauberschrank, der immer neue Schubfächer auftut, die bunte glänzende Kleinodien zeigen.

Sommerwanderung zum Bierkeller bei Bamberg

BIERGARTENWANDERUNGEN

1

Durch das liebliche Steinbachtal ins Taubertal und nach Rothenburg

Schweinsdorf – Lindleinsee – Steinbachtal – Steinbach – Detwang – Rothenburg ob der Tauber

Das Steinbachtal bei Rothenburg ob der Tauber ist eines der reizvollsten Täler, wenn nicht das schönste überhaupt, im westlichen Mittelfranken. Gleichwohl ist es weitgehend unbekannt. Der Steinbach verläuft vom kleinen Lindleinsee bis zu seiner Mündung in die Tauber bei dem Ort Steinbach auf einer Länge von etwa 4 km in einem tief eingeschnittenen Tal. Der Talgrund ist üppig mit Buschwerk und Hecken bewachsen. Von der Blüte der Haselnusssträucher Anfang März bis zu den bunten Früchten der Pfaffenhütchen im Oktober gibt es immer etwas zu bewundern. Bei der Pflanzenvielfalt wäre für einen Naturlehrpfad hier reiches Anschauungsmaterial vorhanden.

Zu Beginn der Wanderung geht es für mehr als einen Kilometer am Großen und Kleinen Lindleinsee entlang. Wir sehen hier viele Wasservögel, vor allem Blesshühner, aber auch Fischrei-

Weglänge: 11 km
Gehzeit: 3 Stunden
Anfangspunkt: Bahnhof Schweinsdorf Bahnstrecke 921 (VGN Nürnberg R 82). Stündlicher Zugtakt. Verkehrsverbund Nürnberg. Nach Steinach Züge von Ansbach und Würzburg im Stundentakt.
Endpunkt: Bahnhof Rothenburg ob der Tauber. Bahnstrecke und Zugtakt siehe oben.
Gelände: Bequem zu gehen. Nur am Schluss ein Anstieg von 10 Minuten vom Taubertal nach Rothenburg. Überwiegend in der Sonne.
Karte: Fritsch Wanderkarte Landkreis Ansbach Blatt Nord 1: 50 000 oder Bayer. Landesvermessungsamt Topographische Karte Naturpark Frankenhöhe 1: 50 000.
Empfohlene Jahreszeit: Immer möglich. Sehr schön im Frühjahr und zur Zeit der Laubfärbung im Oktober.
Sehenswertes: *Detwang:* Dorf im Taubertal. Kirche St. Peter und Paul mit Bauteilen aus der Romanik (Stufenportale und ein Langhausfenster) und Gotik (Sakramentsnische, daneben Verkündigung). Außer zwei Seitenaltären ist besonders der berühmte Hochaltar von Tilman Riemenschneider mit Kreuzigung, Johannes mit den klagenden Frauen links und Pharisäern rechts sehenswert. Der um 1510 geschnitzte Altar wurde 1653 aus der Dominikanerinnenkirche in Rothenburg hierher versetzt und dabei in der Breite kurzerhand um 40 cm verkleinert. Mittags ist die Kirche eine Stunde lang geschlossen.
Rothenburg ob der Tauber: Bekannt durch sein mittelalterliches Stadtbild und eine Fülle von Sehenswürdigkeiten. Für eine genauere Beschreibung ist auf die zahlreichen Reise- und Kunstführer über Franken bzw. Rothenburg zu verweisen.

DURCH DAS LIEBLICHE STEINBACHTAL

Am Kleinen Lindleinsee gibt es viele Wasservögel

her und Schwäne. Der Oberlauf des Steinbachs bis zu einer kleinen Steinbrücke ist wildromantisch; mit vielen umgestürzten Bäumen im Bachbett wirkt hier das Tal fast urwaldartig. Im weiteren Verlauf wird das Tal lieblicher. An den Südhängen wächst prächtiger Laubwald, teils sind die Hänge aber noch vom Buschwerk freigehalten und lassen alte Steinterrassen erkennen, die auf früheren Weinbau hindeuten. Bald nach der erwähnten Steinbrücke wird der Bach auf Trittsteinen in einer

Im Steinbachtal ist es still und romantisch

7

Im Herbst sieht man die bunten Früchte der Pfaffenhütchen

Furt überquert. Der Weg wechselt sodann mehrfach mit kleinen Brücken von einer Bachseite auf die andere. Keinerlei Straßenverkehr beeinträchtigt uns bei dem Gang durch das schöne Tal.

Nach Steinbach kommen wir ins Taubertal, das auch landschaftlich reizvoll, doch nicht mehr so herrlich ruhig ist, wie das vorher begangene Seitental. Allerdings verläuft unser Weg ein Stück von der Autostraße entfernt. In Detwang ist der Besuch des Riemenschneideraltars fast schon ein Muss, das gleiche gilt für den Heilig-Blut-Altar in der Rothenburger Jakobskirche, der auch ein Werk des großen fränkischen Meisters der Holzschnitzkunst ist. Da die Wanderung nicht besonders lang ist, bleibt für Besichtigungen und eine Schlusseinkehr (unterwegs kamen wir schon an einem gemütlichen Landgasthof vorbei) in Rothenburg noch reichlich Zeit.

Rothenburg

DURCH DAS LIEBLICHE STEINBACHTAL

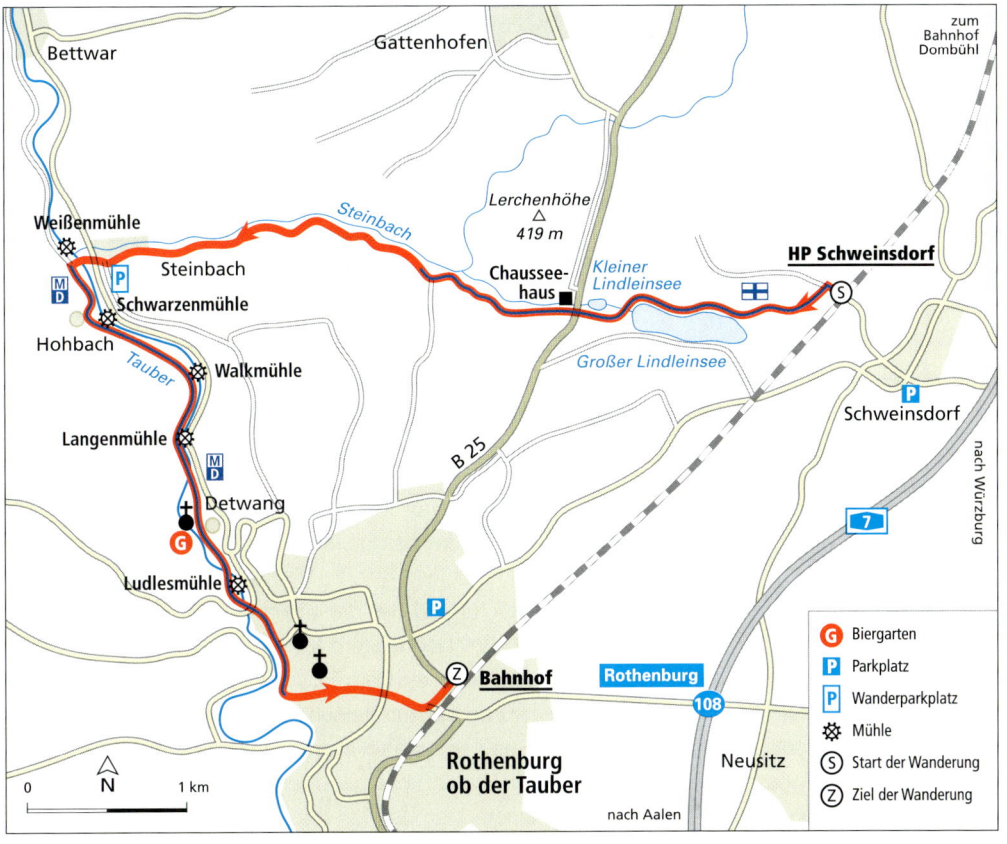

Wegbeschreibung

Am Bahnhof Schweinsdorf laufen wir nicht zum Ort, sondern entgegengesetzt über das Gleis hinweg in die Flur hinaus auf einem geteerten Weg an Birken vorbei. Nach etwa 100 Meter an einer kleinen Kurve des Sträßchens gehen wir nach links auf einem dürftigen Feldweg an einem Acker entlang und um diesen nach rechts herum. Wir laufen auf eine Baumgruppe und ein Schild „Naturschutzgebiet" zu und kommen zum Schilf des Großen Lindleinsees. In Ufernähe gehen wir an diesem entlang. Eine Markierung mit „blauem Kreuz" taucht auf. Wir folgen ihr immer in Seenähe. Es geht dann zwischen Büschen und Schilf hindurch. Der Weg gabelt sich am Ende des Großen Lindleinsees. Geradeaus führt die Markierung „blaues Kreuz". Wir aber laufen nach <u>links</u> an einem Verkehrsschild mit dem Zusatz „Privatweg" weiter. Wir bewegen uns jetzt auf einem Damm zwischen dem Großen und Kleinen Lindleinsee. Nach dem Damm kommt eine Hütte, wo wir uns nach rechts halten. Nun laufen wir am Kleinen Lindleinsee entlang und erreichen nach einer Schranke die Staatsstraße 2419, die wir geradeaus

Beim Biergarten des Schwarzen Lamm in Detwang kommen oft Radler vorbei

überqueren. Wir folgen der wieder aufgetauchten Markierung „blaues Kreuz" und dem Rundwanderweg „11" und gehen leicht bergab ins obere Steinbachtal hinunter.

Man erreicht eine steinerne Fußgängerbrücke, auf der der Steinbach überquert wird. Wir gehen links weiter. Das „blaue Kreuz" und weitere Markierungen biegen dann alsbald nach rechts (bergauf) ab. Wir bleiben auf dem Talweg in der Nähe des Baches, den wir dann kurz später in einer Furt auf Trittsteinen überqueren. (Wenn der Bach Hochwasser führt und seine Überquerung an dieser Stelle deshalb nicht möglich ist, müssen wir bei der erwähnten Steinbrücke die Überquerung des Baches unterlassen und stattdessen auf einem Trampelpfad dem Bach bis zu der Furt folgen). Dann geht es immer im Steinbachtal entlang. Einem Wegweiser nach Rothenburg folgen wir nicht. Unseren Weg zeigt eine Tafel mit der Aufschrift „W Steinbach" an. Auf allmählich breiter werdendem Weg erreichen wir den Ort Steinbach.

Eingang zum Biergarten des Hotels Reichsküchenmeister in Rothenburg

Wir wandern die Ortsstraße entlang und nach dem Gasthaus weiter bis zu einigen Birken. Hier halten wir uns links (Wegweiser „Liebliches Taubertal") Bei der nächsten Kreuzung laufen wir rechts zur Taubertalstraße und überqueren diese, gehen geradeaus auf einer Brücke über den Fluss und über eine Wiese zu einer weiteren Fußgängerbrücke aus Holz. Nach dieser kommen wir auf den Taubertalhauptradweg. Wir folgen diesem nach links

und verbleiben auf dem geteerten Fuß- und Radweg bis zum Ort Detwang. Zur Gastwirtschaft gehen wir an der Kirche vorbei und dann kurz nach links.
Zum Weiterweg laufen wir von der Gastwirtschaft wieder etwa 40 Meter zurück. An der Straßenkurve noch vor der Kirche geht nach links eine alte Steinbrücke über die Tauber. Wir überqueren allerdings die Tauber nicht, sondern folgen links noch vor der Brücke einer kleinen Straße mit Häusern (Verkehrsbeschränkung 4,5 to). Die Markierung für uns ist ein „roter Strich im weißen Feld" (HW 4). Die Straße wird dann ein geteerter Fußweg, der an der Tauber entlang führt. Man erreicht dann ein Sträßchen, das zu einer verkehrsreichen Straße führt. Diese wird mit der nötigen Vorsicht überquert. Ein Wegweiser zeigt den Weg zur Stadt an. Den Hang schräg empor erreichen wir die Altstadt. Wir laufen geradeaus an der Stadtmauer entlang bis zum Burggarten. Zum Bahnhof können wir auf vielen Wegen gehen, beispielsweise durch die Herrengasse zum Marktplatz, weiter durch die Hafengasse zum Markusturm und Rödertor und durch die Ansbacher Straße zur Bahnhofstraße.

Die Biergärten der Steinbachtalwanderung

Gasthof Schwarzes Lamm Detwang
Telefon: 0 98 61-67 27
Information: www.HotelSchwarzesLamm-Rothenburg.de
Öffnungszeiten: Durchgehend geöffnet. In der Zeit von 14.00 bis 17.00 kleine Karte. Ruhetag ist der Montag. Betriebsferien im Winter.
Lage: Recht ruhig an einer Dorfstraße. Möglicherweise Beeinträchtigung durch parkende Autos. Terrasse mit gedeckten Tischen und Stühlen. Überwiegend sonnig vor dem Gasthaus. Auch schattige Plätze unter einer alten Linde.
Essen und Trinken: Gutbürgerliche fränkische Küche mit Fleisch-, Fisch- und vegetarischen Gerichten. Gute Schlachtschüssel und Brotzeiten aus eigener Schlachtung. Forellen und zur Saison Karpfen. Immer auch Kuchen. Bier von Landwehrbräu Reichelshofen und weiteren Brauereien. Mehrere trockene Frankenweine.

Weitere Einkehrmöglichkeiten
in Schweinsdorf und Rothenburg (z. B. Hotel Reichsküchenmeister mit schattigem Biergarten auf erhöhter Terrasse neben der Jakobskirche, kein Ruhetag) und zahlreiche weitere Biergärten.

BIERGARTENWANDERUNGEN

2

Zu Kulturdenkmälern aus römischer und karolingischer Zeit

Einkehr im Wettelsheimer Keller

Treuchtlingen – Heumöderntal – Wettelsheimer Keller – Wettelsheim – Bubenheim – Karlsgraben – Graben – Römischer Gutshof – Treuchtlingen

Das Gebiet um Treuchtlingen war bereits in der Zeit um 8000 v. Chr. bewohnt. Auch keltische und germanische Besiedelung ist nachweisbar. Während der Römerzeit lag das Gebiet von Treuchtlingen hinter der Grenzlinie zu Germanien, dem Limes. In Weißenburg und Ellingen bestanden römische Kastelle. Zur Versorgung der Truppen in den Kastellen gab es im Hinterland Bauernhöfe. Mehrere derartige Landgüter sind in dem Bereich hinter dem Limes aufgefunden und teilweise freigelegt worden, so die „Villa rustica", zu der wir gegen Ende unserer Wanderung kommen. Auch mit Hilfe der aufgestellten Schautafel bekommen wir da einen guten Eindruck von der Größe und Gebäudeanordnung eines solchen römischen Gutshofes in Germanien.

Nicht weniger interessant ist die Wegstrecke am „Karlsgraben". Karl der Große versuchte hier im Jahr 793 eine schiffbare Verbindung zwischen den Flüssen

Weglänge: 18,5 km.
Gehzeit: knapp 5 Stunden.
Anfangspunkt: Bahnhof Treuchtlingen. Bahnstrecken 910 Nürnberg – Treuchtlingen und 920 Würzburg – Ansbach – Treuchtlingen. Auf beiden Strecken mindestens eine stündliche Zugverbindung. Nürnberger Verkehrsverbund.
Auch ab München, Ingolstadt und Augsburg direkte Zugverbindung nach Treuchtlingen.
Endpunkt: Bahnhof Treuchtlingen, siehe oben.
Gelände: Dreimal sanfte Anstiege mit insgesamt 250 m Höhendifferenz. Nur 8 km im Wald.
Karte: Topografische Karte 1:50 000 Fränkisches Seenland/ Naturpark Altmühltal (Westlicher Teil), Bayerisches Landesvermessungsamt München.
Empfohlene Jahreszeit: Nicht an sehr heißen Tagen. Wenn ein Besuch des Wettelsheimer Kellers geplant ist, nur in der Zeit vom 1. Mai bis 30. September (Donnerstag bis Sonntag).
Sehenswertes: *Treuchtlingen*: In der 1934 erbauten Pfarrkirche St. Maria (nahe dem Bahnhof) in den Seitenaltären wertvolle spätgotische Tafelbilder und Figuren aus der Zeit nach 1500 aus einem Nothelferaltar unbekannter Herkunft.
Villa rustica: Ehemaliger römischer Gutshof beim Weinbergshof nahe Treuchtlingen, in den Grundmauern ausgegraben und gut konserviert.

Am Wettelsheimer Keller gibt es fränkisches Essen und ein gutes Märzenbier

Schwäbische Rezat und Altmühl und somit zwischen Main und Donau zu schaffen. Auch wenn der Kanalbau wegen des Nachstürzens der Böschungen bei starken Regenfällen, vielleicht auch wegen anderer vorrangiger Ziele des Kaisers, aufgegeben wurde, so ist auch das unvollendete Wasserbauwerk mit seinen 1300 m Länge und 30 m Breite ein beeindruckendes Monument frühmittelalterlicher Ingenieurkunst. Erst Napoleon hat den Gedanken eines Kanalbaus an dieser Stelle wieder aufgegriffen. Verwirklicht wurde aber die Idee einer Kanalverbindung zwischen Rhein und Donau dann durch den Bau des Ludwigskanals, der 1846 fertiggestellt wurde. Die Trasse dieses Kanals führte allerdings nicht bei Treuchtlingen und Graben

Hier wird das Bier gebraut, das am Keller ausgeschenkt wird

Der Karlsgraben ist ein kulturgeschichtlicher Höhepunkt der Wanderung

Am Nagelberg wurde ein römischer Gutshof ausgegraben

vorbei, ebenso wenig die der modernen naturzerstörenden Großschifffahrtsstraße zwischen Rhein, Main und Donau.
In gewisser Weise ist auch der Wettelsheimer Keller ein fränkisches Kulturdenkmal. Im Gegensatz zu der Gegend um Forchheim und Bamberg ist Mittelfranken arm an Bierkellern. Ein Besuch in diesem schönen Keller mit dem Ausblick durch alte Bäume hindurch ins Altmühltal hinunter bei süffigem Bier aus dem nahen Wettelsheim bereichert unsere Wanderung sehr. Einige kleinere Attraktionen der Tour seien noch kurz erwähnt: Der jüdische Friedhof in Treuchtlingen, direkt an unserem Weg gelegen, das liebliche Heumöderntal, die Schafhutungshochfläche beim Heunischhof mit den alten Feldahornbäumen, die

EINKEHR IM WETTELSHEIMER KELLER

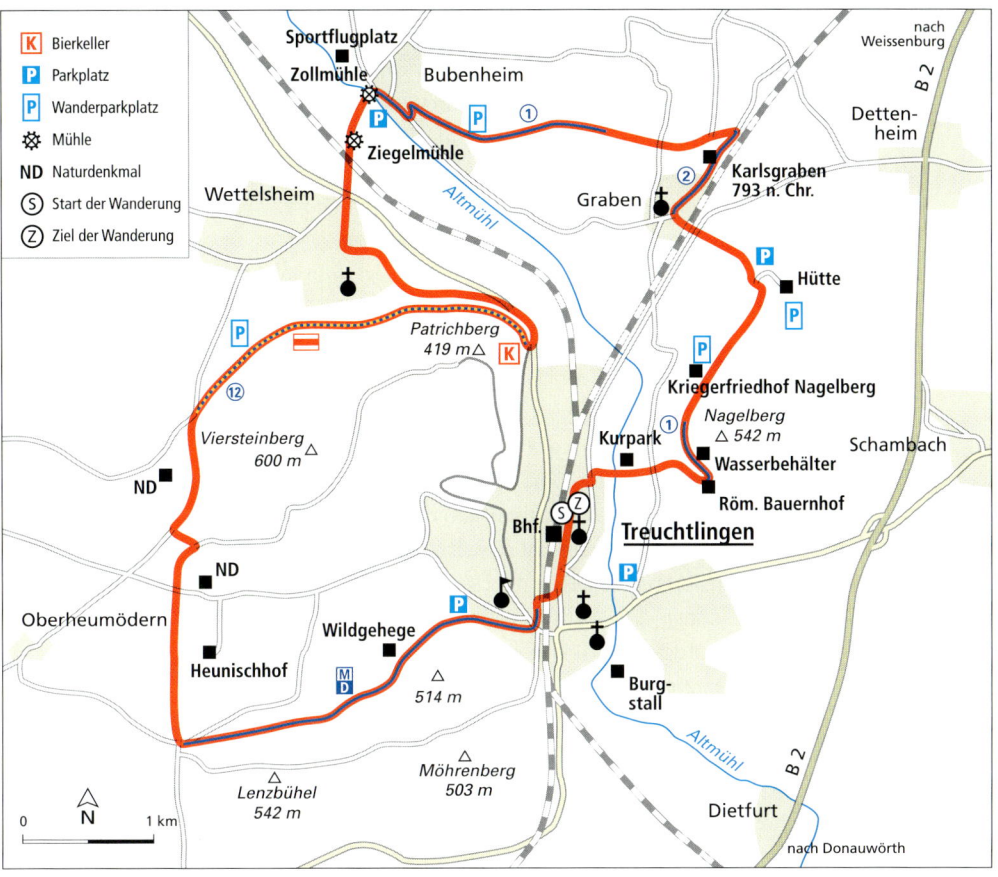

schöne Aussicht oberhalb von Bubenheim und der, ebenso wie der Treuchtlinger Judenfriedhof, sehr nachdenklich stimmende Soldatenfriedhof am Nagelberg.

Wegbeschreibung

Vom Bahnhof Treuchtlingen laufen wir zunächst am Postamt vorbei ortseinwärts. Bei der nächsten Straße, gegenüber der Marienkirche, geht es nach rechts bis zur Bahnunterführung. Vor dieser biegen wir links ein und laufen am Bahndamm entlang bis zur nächsten (Fußgänger)–Unterführung, die wir durchschreiten. Nach der Unterführung geht es nach links bis zu der Straßenkreuzung bei der Pizzeria Grotto. Hier biegen wir halbrechts in die Uhlbergstraße ein und gehen am jüdischen Friedhof vorbei zum Wanderparkplatz (rechts Tiergehege). Wir folgen dann der kleinen Waldstraße mit der Markierung „M-D-Weg" (auch Naturlehrpfad). Nach etwa zwei km endet auf der rechten Seite der Wald. Wir gehen hier noch <u>nicht</u> nach rechts zu der kleinen Hütte hin, sondern wandern geradeaus weiter bis zur nächsten Kreuzung, an der von links eine kleine geteerte Straße durch den Wald kommt. Hier wenden wir uns rechtwinklig nach rechts und steigen an schönen Bäumen vorbei zur Anhöhe hinauf, wobei wir zweimal nicht nach rechts zum Heunischhof gehen, sondern geradeaus. Wir erreichen dann die Straße von Treuchtlingen nach Auernheim, die wir überqueren. Es geht wieder in den Wald hinein. Bei Querwegen laufen wir immer geradeaus (teilweise Markierung " Blauer Punkt"). Nach dem etwas holperigen Weg kommen wir wieder auf eine geteerte Straße, der wir bergab gut zehn Minuten lang folgen. Von links kommt ein Sträßchen aus dem Talgrund herauf. Etwa 150 m danach biegen wir nach rechts in einen Waldweg mit der Markierung „weiß-rot-weiß" ein. Auf dem markierten Weg gehen wir dann immer weiter, später mit Aussicht auf Wettelsheim, am Waldrand entlang. Dort heißt es <u>aufpassen</u>: In Höhe des Ortes <u>nicht</u> auf diesen zugehen, sondern auf dem markierten Weg etwas nach rechts zum Wald hin wandern! Der Weg führt sodann immer in Waldrandnähe weiter, teils am Feld entlang und teils etwas innerhalb des Waldes. Man geht hinter einem einzelnen Haus vorbei und erreicht die Straße, die von Wettelsheim kommt. Dieser folgen wir, passieren eine Disco mit dem Namen Schäffbräukeller und gelangen zum Hinweisschild des Wettelsheimer Kellers.

Zur Fortsetzung der Wanderung gehen wir auf der kleinen Straße, auf der wir gekommen sind, zurück und weiter bis zum Dorf Wettelsheim. Im Ort laufen wir bis zum Platz an der Kirche. Hier folgen wir der Bahnhofstraße, überqueren die Bahnlinie und gehen über die Altmühl hinweg auf einem Fuß- und Radweg bis Bubenheim. Wir schlagen dort nach der Brücke den Weg rechts in das Dorf ein. Nach der Kirche und dem Gasthaus „Altmühlgrund" führt uns links eine Straße mit der Markierung „1" zur neuen Wohnbebauung schräg den Hang hinauf. Oben auf der Höhe bietet sich wieder ein hübscher Ausblick. Immer in östlicher Richtung gelangen wir zu einem Wäldchen, an dem wir entlang gehen. Der Weg mit der Markierung „1" biegt hier nach rechts ab, wir folgen aber dem Pfad in gerader Richtung und gehen auf teilweise grasigem Weg in Richtung auf das Haus an der Bahnlinie zu. Wir wandern dabei an einem Graben entlang, überqueren einen etwas größeren Flurweg und gelangen zu einer geteerten Straße. Geradeaus überschreiten wir hier die Wiese und kommen zu einem Radweg, der zu dem erwähnten Haus am Bahngleis hinführt. Noch vor diesem führt rechts ein Weg mit der Markierung „2" über einen Steg, der uns zum Damm des Karlsgrabens geleitet. Am Karlsgraben entlang kommen wir zum Dorf Graben (Erläuterungstafel, kleines Museum über die Geschichte des Karlsgrabens). In der Dorfmitte gehen wir nach links zum Gasthof Karlsgraben.

Unser Weiterweg führt unter der Bahn hindurch und überquert die Bundesstraße. Auf einem kleinen geteerten Sträßchen geht es bergan in Richtung Nagelberg. Nach Beginn des Waldes schlagen wir rechts den Weg zum Kriegerfriedhof ein (Hinweisschild an der Abzweigung). Der Weg führt am Friedhof entlang, nach diesem gehen wir <u>nicht</u> auf der kleinen <u>bergab</u> führenden Straße weiter, sondern geradeaus auf einem schmalen Waldweg mit der Markierung „1". Dieses Wegzeichen führt uns, leicht nach links schwenkend, zu einem etwas größeren Weg, dem wir bis zu einer Bank und der Hinweistafel oberhalb der römischen Villa folgen.

Von hier aus geht es nach Treuchtlingen zunächst ein Stück auf dem Weg, auf dem wir gekommen sind, zurück. Bei der nächsten Kreuzung folgen wir nicht dem Sträßchen, das bergab führt, sondern wandern geradeaus auf einem ungeteerten Fahrweg. Nach etwa 200 m führt links ein Fußsteig über ein paar Steintreppen (rutschig!) an einem Zaun entlang bis zur Talsohle hinab. Dort geht es geradeaus auf die vor uns liegende Holzbrücke zu und über diese hinweg zum Beginn der Wohnbebauung und geradeaus bis zu einer stärker befahrenen Straße. Diese überqueren wir, laufen kurz nach links und biegen in die nächste Seitenstraße rechts ein. Nach einigen Treppen gehen wir nach links und folgen der Dürerstraße und der Bahnhofstraße zum Bahnhof Treuchtlingen, wo wir unsere abwechslungsreiche Rundwanderung beenden.

Einkehr im Wettelsheimer Keller

Wettelsheimer Keller
Telefon: 09142-77 40 (Keller) oder 09142-86 91 (privat).
Öffnungszeiten: In der Zeit vom 1. Mai bis 30. September jeweils an Donnerstagen, Freitagen, Samstagen, Sonn- und Feiertagen ab 10 Uhr durchgehend offen.
Lage: Sehr ruhig am Hang oberhalb von Wettelsheim, überwiegend schattige Plätze unter alten Linden und Buchen. Im vorderen Bereich schöne Aussicht. Biergarnituren. Es wird bedient.
Essen und Trinken: Immer warmes Essen, z. B. Schlachtschüssel, Bratwürste, Haxen, Schäufele. Umfangreiches Brotzeitangebot. Märzenbier der Brauerei Strauß Wettelsheim.

Gaststätten mit Garten
ferner in Bubenheim (Gasthaus Altmühlgrund, mittags nur am Wochenende geöffnet, Straußbräu Wettelsheim) und in Graben (Gaststätte zum Karlsgraben, täglich außer Montag durchgehend geöffnet, Schäffbräu Treuchtlingen).

BIERGARTENWANDERUNGEN

3 Von der Grafschaft Pappenheim zur Reichsstadt Weißenburg

Einkehr im Dorfgasthaus in Suffersheim

Pappenheim – Steinbrunnen – Suffersheim – Römerbrunnen – Weißenburg.

Das Wanderziel Suffersheim ist ein hübsches Juradorf

Geografisch führt unsere Wanderung von dem Donauzufluss Altmühl zur Schwäbischen Rezat, die dem Main zufließt. Historisch gesehen kommen wir durch drei verschiedene Herrschaftsgebiete: Pappenheim war eine selbständige Grafschaft. Für ihre treuen Dienste für den Kaiser wurden die Pappenheimer Dienstmannen im Jahr 1193 mit der Marschallswürde ausgestattet. Unter ihrem Schutz entstand eine der ältesten Judengemeinden Deutschlands. 1628 wurden die Pappenheimer in den Reichsgrafenstand erhoben. Sie standen, ebenso wie die reichsfreie Stadt Weißenburg, unmittelbar unter Kaiser und Reich. Die bedrohlich auf Weißenburg herunterblickende Festung Wülzburg, in deren Gebiet wir am Schluss der Wanderung gelangen, war ein südlicher Pfeiler des Herrschaftsgebietes der Markgrafschaft Brandenburg–Ansbach. Seit 1806 sind alle Gebiete in Bayern vereinigt. Wie kompliziert die Gewaltverhältnisse im deutschen Kaiserreich bis zur Napoleonszeit waren, kann man sich heute nur schwer vorstellen. Oft gehörten sogar Höfe des gleichen Dorfs zu unterschiedlichen Herrschaftsgebieten. Die damalige territori-

Gasthaus Albrecht in Sufferrsheim

Weglänge: 19 km.
Gehzeit: 5 1/4 Stunden.
Anfangspunkt: Bahnhof Pappenheim (Bahnstrecke 990 München – Treuchtlingen), etwa stündlicher Zughalt, aber nicht immer im Taktverkehr. Verkehrsverbund Nürnberg.
Endpunkt: Bahnhof Weißenburg (Bahnstrecke 910 Nürnberg – Treuchtlingen), mindestens jede Stunde ein Zug. Verkehrsverbund Nürnberg.
Gelände: Die Anstiege in den Tälern sind sanft, sodass die Wanderung trotz der relativ großen Länge nicht zu anstrengend ist. Der Weg verläuft mehr in offenem Gelände als im Wald.
Karte: Topografische Karte 1:50 000 Fränkisches Seenland/ Naturpark Altmühltal (Westlicher Teil), Bayerisches Landesvermessungsamt München.
Empfohlene Jahreszeit: Nicht an sehr heißen Tagen. Empfehlenswert zur Zeit der Suffersheimer Kirchweih, eine Woche vor Erntedankfest (also letztes Septemberwochenende von Freitag bis einschließlich Montag).
Sehenswertes: *Pappenheim:* Ehemaliges Residenzstädtchen der Grafen zu Pappenheim. Auf dem Berg Burgruine aus dem 12. Jahrhundert, nach 1500 wurde die Hauptburg mit Zwinger und Türmen versehen.
In der Stadt das Alte Schloss im Renaissancestil und das Neue Schloss in klassizistischem Stil nach Plänen Leo von Klenzes (München!). Evang. Pfarrkirche mit Pappenheimgräbern. Besonders interessant die St. Galluskirche, von der Teile bis ins 9. Jahrhundert zurückreichen, mit Resten gotischer Wandmalereien und schönem Sakramentshäuschen von 1486. Großer jüdischer Friedhof mit Grabsteinen aus dem 17. und 18. Jahrhundert.
Weißenburg: In der Nähe eines römischen Kastells (Ausgrabungen, Römische Thermen, Römermuseum!) ist bereits in karolingischer Zeit ein Königshof entstanden. Seit der Stauferzeit wurde die Stadt befestigt, von deren Mauern, Toren und Türmen (besonders schön das Ellinger Tor!) viel erhalten ist. Pfarrkirche St. Andreas aus der Zeit der Hochgotik mit mehreren wertvollen Altären. Man beachte auch die Achsenverschiebung des Chors! Mehrere schöne Plätze, darunter die beiden rechtwinklig zueinander stehenden Marktplätze. An deren Verbindungsstelle steht das 1476 erbaute Rathaus.

BIERGARTENWANDERUNGEN

*Beim „Albrecht"
wird zünftig ge-
feiert*

ale Zersplitterung sehen wir beispielhaft auch bei der Gaststätte Casino, die wir in Weißenburg besuchen können. Obwohl unmittelbar vor den Toren Weißenburgs gelegen, gehörte das Anwesen nicht zum Gebiet der Reichsstadt, sondern war markgräflich-ansbachisch. Direkt bei dem Haus war die Zollstation.

Doch solchen Gedanken werden wir kaum nachhängen, wenn wir durch die schönen Täler des Altmühljura wandern. Gleich hinter Pappenheim geht es mehr als eine Stunde durch ein tief eingeschnittenes bewaldetes Tal. Noch mehr als im Altmühltal selbst genießen wir hier die Stille. Ein weiteres Tal nach Suffersheim ist dagegen sehr sonnig. Hier können wir großartige einzelstehende Bäume bewundern. An den Trockenhängen findet man im Frühjahr die guten Maipilze. Wenn wir in Richtung Weißenburg hinabsteigen, kommen wir zu einem schönen Rastplatz beim Römerbrunnen. Dass dieser schon in der Römerzeit bestanden hätte, ist allerdings nicht verbürgt. Der Weg danach bis zu den ersten Häusern von Weißenburg führt durch eine prächtige Baumallee.

Am Kirchweihmontag trifft sich die Männerwelt

Wenn wir nach Suffersheim, einem hübschen Ort im Schambachtal, kommen, haben wir schon etwas mehr als die Hälfte unseres Marsches hinter uns. Eine starke Quelle entspringt nahe der Kirche. Die Fernsehserie Florian III wurde hier gedreht. Das Gasthaus Albrecht ist ein Wirtshaus von altem Schrot und Korn. Am Sonntag gibt es Gebratenes vom Schwein, unter der Woche kleine Gerichte und Brotzeiten. Natürlich kann man auch draußen sitzen. Besonders hoch geht es zur Kirchweih her. Die ganze Palette an Schweinernem, was Franken zu bieten hat, kann man sich dann einverleiben. Vegetarier werden hier allerdings kaum glücklich werden.

Mitten in Weißenburg steht die Brauerei Sigwail

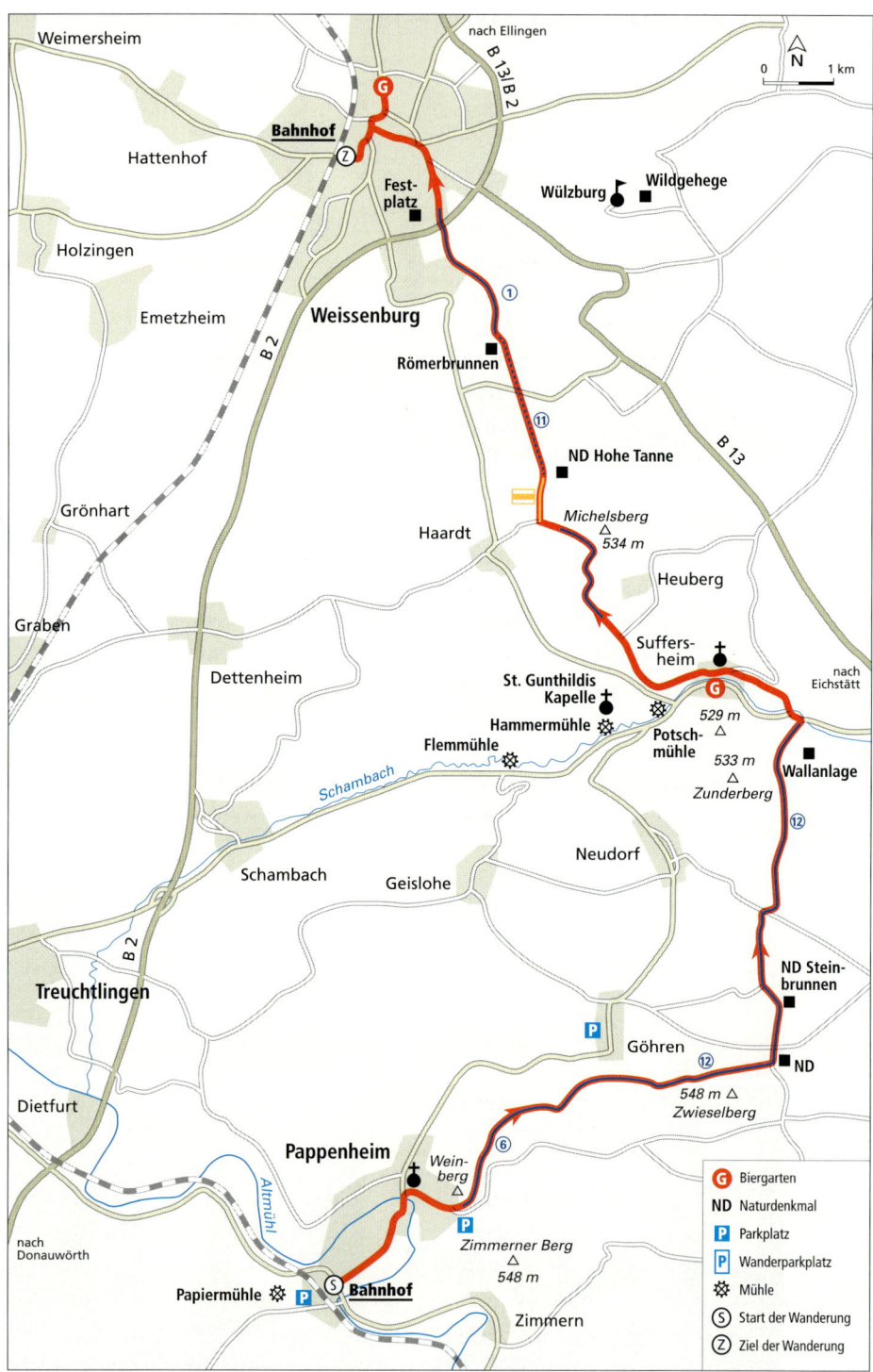

Wegbeschreibung

Wir gehen aus dem Bahnhof Pappenheim heraus und sehen gleich links ein Schild mit dem Hinweis „Radweg Treuchtlingen", dem wir zur DEA-Tankstelle folgen. Dort erblicken wir einen Wegweiser, der den „Fußweg zur Stadt" anzeigt. Auf diesem Weg gehen wir unter der Staatsstraße durch und folgen der schönen Baumallee mit Geh- und Radweg bis zum Ort Pappenheim. Dort laufen wir geradeaus bis zur Einmündung der Bahnhofstraße.

Links befindet sich hier ein Aufgang zur Burgruine. Wir gehen durch die Deisingerstraße in die Stadt, um dann beim Verkehrsamt zur Kirche und zum Alten Schloss hin nach rechts abzubiegen. Am Hotel Krone vorbei gelangen wir zur Brücke über die Altmühl. Nach der Brücke wenden wir uns nach rechts und folgen der Alexander-Beck-Straße. Links führt ein Fußweg zur Galluskirche. Nach diesem empfehlenswerten Abstecher laufen wir in der Beckstraße weiter. Am Ende dieser Straße kommen wir zu einer Wanderwegtafel. Wir schlagen den Weg im Tal halblinks ein, der für Autos und Motorräder gesperrt ist. Ein Wegweiser zeigt in Richtung Adlerfleck. Die Markierung ist eine „6". Auf dem gut zu gehenden Weg bleiben wir bis zu einer Wegkreuzung, an der verschiedene Täler zusammenkommen. In der Mitte steht ein Bergahorn. Die Stelle heißt „Adlerfleck".

Nun wandern wir auf nicht mehr so gutem Weg geradeaus mit dem Markierungszeichen „12" weiter. Man gelangt am Waldende auf eine Teerstraße, auf der wir für etwa 200 Meter nach links laufen. Rechts und links der Straße sehen wir je eine der für den Jura so typischen Dolinen (Erdeinbrüche). An der Kreuzung wird die Straße überquert, wir gehen geradeaus am Waldrand entlang mit der Markierung „12" weiter. Unser Weg schwenkt nach etwa acht Minuten leicht nach links. Ein Hinweisschild zeigt hier den nahegelegenen alten Steinbrunnen an. Der Weg führt weiter auf mehrere schön gewachsene Fichten zu und verläuft dann über Felder genau in nördlicher Richtung. Er erreicht dann eine geteerte Straße, die links von Neudorf herkommt. An dieser Stelle befindet sich ein großer Holzlagerplatz. Auf der Straße gehen wir 20 Meter nach rechts und dann wieder links zwischen Holzstapeln hindurch. Unsere Markierung ist noch immer die „12". Wir müssen nicht bis zum Wald gehen, sondern in der Mitte zwischen Straße und Wald nach links einbiegen und auf die große Rotbuche zulaufen. Auf grasigem Weg mit Fahrspuren laufen wir in einem weiten Tal hinunter. Ein wasserloser Graben wird überquert. Dann gelangen wir zum Wald. Ab hier wird der Grasweg zum Schotterweg. Auf diesem gehen wir bis zur Straße Suffersheim-Laubenthal. Auf dieser laufen wir nach links bis zu einer Baumgruppe, wo rechts ein fahrbarer Weg uns zu einer Ansammlung von Scheunen hinführt. Bei den Scheunen gehen wir nach links und gelangen alsbald in den Ortsbereich von Suffersheim, wo wir geradeaus bis zur Kirche hin wandern. Um zum Gasthaus hinzukommen, gehen wir bei der Kirche links bis zum Bach, den wir zur Hauptstraße hin überqueren. Hier sehen wir die Gastwirtschaft Albrecht.

BIERGARTENWANDERUNGEN

Zum Rückweg laufen wir zunächst wieder zur Kirche und gehen hier bei einem Brünnlein nach links in den „Steinriegelweg" und dann auf einem Fußweg an dem stark fließenden Bach entlang. Eine Holzbrücke über den Bach wird <u>nicht</u> überquert. Der Fußweg führt wieder auf eine geteerte Ortsstraße. Auf dieser geht es dann nach rechts über den Bach hinweg. Geradeaus weiter kommen wir zum Ortsende und folgen dem geschotterten Talweg. Kurz vor der Einmündung dieses Wegs in die geteerte Straße nach Haardt wandern wir rechts auf dem befahrbaren geschotterten Weg in das Seitental hinein, das in nördliche Richtung verläuft. Der Schotterweg führt nach etwa zehn Minuten rechts empor. Wir bleiben im Talgrund mit seinen schönen Bäumen. Der Weg wird schmaler und ist mit Gras bewachsen. Nach mehreren Windungen kommt von rechts ein besser befestigter Weg herab. Auf diesem gehen wir nach links am Hang empor. Nach dem Wald geht es noch ungefähr drei bis vier Minuten weiter, dann biegen wir auf den ersten Feldweg nach rechts ein, der zum Wald hinführt. Geradeaus laufen wir in den Wald hinein. Eine Markierung „weiß- rot- weiß" ist hier zu sehen. Der holprige Weg führt zu einer Waldstraße, auf der wir weitergehen. Hier sind Wegzeichen „11" vorhanden. Nach etwa zehn Minuten macht die Waldstraße einen scharfen Knick nach rechts. Wir laufen hier kerzengerade in den dunklen Wald hinein und überqueren eine Teerstraße. Ein Schild weist uns auf unser nächstes Ziel, den Römerbrunnen, hin, zu dem wir hinabsteigen. Dort gehen wir nach links an der Grillstelle vorbei und dann mit den Zeichen „1", „2", „6", „11" und „M/D" weiter. Bereits nach einem kurzen Wegstück zweigt die Markierung „1" nach rechts von den übrigen Markierungen ab. Wir folgen dem Weg „1", der zunächst ziemlich eben oberhalb eines Bachgrundes verläuft. Am Waldende gelangen wir zu einer schönen Lindenallee, in der wir, weiterhin mit der Markierung „1" , bis zum Ortsbeginn von Weißenburg hinabsteigen. Die Ortsumgehung von Weißenburg wird überquert und wir folgen der Straße geradeaus („Römerbrunnenweg"). Nach einer Ampel kommt man zum „Gasthaus zum Schiff". Hier geht es in die verkehrsberuhigte Altstadt hinein. Wir bummeln über die platzartige Luitpoldstraße bis zum Rathaus. Dort laufen wir geradeaus bis zum Turm der Pfarrkirche. Hier wenden wir uns rechts in die Ellinger Straße und durchschreiten das schöne Tor. Zum Gasthaus Casino gelangen wir, indem wir nach dem Tor bei der Ampel die Straße überqueren und durch die Nürnbergerstraße etwa 300 Meter bis zur Gaststätte gehen.

Für den Weg zum Bahnhof gehen wir zurück zum Ellinger Tor und weiter durch die Ellinger Straße bis zur Kirche. Wir überschreiten den Platz bei der Kirche und laufen links vom Alten Gymnasium zum Evangelischen Dekanat und weiter durch die Pfarrgasse. Wir sehen vor uns mehrere Stadttürme, an denen wir entlang gehen. Geradeaus kommen wir zur Bahnhofsstraße, auf der wir nach rechts zum Bahnhof gelangen.

Die Biergärten der Wanderung im Altmühljura

1. Gaststätte Albrecht („ Zur Sonne") Suffersheim
Telefon: 09149-3 45
Öffnungszeiten: Täglich von früh bis abends geöffnet. Kein Ruhetag, keine Ferien.
Lage: An wenig befahrener Straße gelegen. Biergarnituren im Garten. Sonnige, aber auch schattige Plätze unter einer alten Linde. Es wird bedient.
Essen und Trinken: Fränkische Küche. Am Sonntag Schnitzel, Braten, Haxen oder Knöchle mit Kloß. Werktags kalte Brotzeiten und Bratwürste. Gutes Dosenfleisch. An der Kirchweih, auch am Kirchweihmontag, an dem die Musik aufspielt, große Auswahl an warmen und kalten Gerichten und sehr gute Kirchweihküchle.
Recht süffiges Landbier von der Brauerei Wurm aus dem nahen Bieswang, auch Weizenbier von dort.

2. Gasthaus Casino Weißenburg (Nürnberger Straße 25)
Seit 1791 befindet sich hier ein Gasthaus. Ursprünglich hier eine Poststation mit Pferdeausspann. Vor dem Haus befand sich eine Zollabfertigung. Später war hier ein Offizierskasino, wovon sich der heutige Name herleitet. Preiswerte Fremdenzimmer.
Telefon: 09141-33 38
Öffnungszeiten: Täglich ab 9 Uhr geöffnet. Freitag ist Ruhetag.
Betriebsferien: Ende September bis Anfang Oktober für zwei Wochen.
Lage: Der Garten befindet sich hinter dem Haus, daher ist der Verkehrslärm gedämpft. Teilweise sonnig, teilweise schattig unter Linden und Kastanien. Tische und Stühle, auch Bierbänke. Schöne Gartenlaube.
Essen und Trinken: Sonntags Braten, auch Lammbraten und Lammkoteletts von eigenen Lämmern. Mittwochs alle zwei Wochen Schlachtschüssel. Donnerstag abends bei schönem Wetter Spezialitäten vom Holzkohlengrill. Selbstgemachte Wurstwaren, auch zum Mitnehmen.
Biere der Brauerei Sigwart Weißenburg.
Am 3. Augustwochenende ist in Weißenburg Kirchweih.

Weitere Gaststätten
in Pappenheim (Hotel Krone mit Biergarten) und Weißenburg. In Weißenburg auch mehrere Sommerkeller, allerdings nicht in der Nähe der Wanderstrecke gelegen.

BIERGARTENWANDERUNGEN

4 Bergauf und bergab in der Hersbrucker Alb

Einkehr unter der alten Linde in Kersbach und auf dem Michelsberg oberhalb Hersbruck

Schnaittach – Festungsruine Rothenberg – Kersbach – Weißenbach – Glatzenstein – Kühnhofen – Hersbruck.

Die Wanderung in die Hersbrucker Alb ist nicht lang, eigentlich nur eine Halbtagswanderung. Doch fordern uns mehrere Anstiege einiges an Kondition ab. Die Mühe wird jedoch gelohnt. Der erste Anstieg führt uns zu der interessanten Festungsruine auf dem Rothenberg, einer der letzten Verteidigungsanlagen, die noch errichtet wurden, bevor modernere Waffentechnik derartige Wehrbauten uninteressant machte. Ein Besuch der unterirdischen Kasematten ist für Kinder natürlich ein Erlebnis.

Beim Abstieg sehen wir den ehemaligen Friedhof der Garnison auf dem Rothenberg. Auf dem Grabmal eines Obristen können wir die Inschrift entziffern. Die Grabsteine der einfachen Soldaten und ihrer Familienangehörigen, der Gefangenen, Pfarrer und Lehrer sind verschwunden.

Der nächste Anstieg dient der Ersteigung des Glatzensteins. Auf einer Bank oberhalb der Felsen blicken wir von hier zur Festung Rothenberg und ins Schnaittacher Tal zurück. Landschaftlich sehr schön ist der Weiterweg am Albrand durch Buchenhochwald und über die Albhochfläche mit ihren verstreuten Busch- und Baumgruppen. Nach einer erholsamen Waldstrecke, wieder im Buchenwald, kommen wir nach Kühnhofen. Hier wie auch in Hersbruck fallen uns Häuser mit hohen

Die wehrhafte Festung Rothenberg

BERGAUF UND BERGAB IN DER HERSBRUCKER ALB

Weglänge: 11,5 km.
Gehzeit: 3 ½ bis 4 Stunden.
Anfangspunkt: Bahnhof Schnaittach Bahnstrecke 891. 3 (bzw. R 31 im Nürnberger Verkehrsverbund) Nürnberg – Simmelsdorf-Hüttenbach. An Samstagen sowie an Sonn- und Feiertagen Zugverkehr im Zweistundentakt, an den übrigen Tagen stündlich.
Endpunkt: Bahnhof Hersbruck (rechts der Pegnitz). Bahnlinie 891. 3 Nürnberg –Neuhaus (bzw. R 3 im Verkehrsverbund). Stündlich je ein Regionalzug und ein Regionalexpress.
Gelände: Insgesamt 500 m Steigung, auf drei Anstiege verteilt. Knapp die Hälfte der Wanderung verläuft im Wald. Wanderstiefel sind zu empfehlen.
Karte: Fritsch Wanderkarte Hersbrucker Alb in der Frankenalb 1:35 000.
Empfohlene Jahreszeit: Nicht an heißen Tagen. Am schönsten im Frühjahr und Herbst.
Sehenswertes: *Festungsruine Rothenberg:* Die Burg hatte eine wechselvolle Geschichte. Zuletzt bayerisch wurde sie 1703 von fränkischen Truppen völlig zerstört. Ab 1729 wurde sie in barocken Festungsformen wieder aufgebaut, ab 1838 jedoch aufgegeben. Gut erhalten sind die sechs mächtigen, dem Gelände angepassten Bastionen und ein großer Ravelin (Schanze vor der Brücke und dem Haupttor). Die Bauten innerhalb des Festungsgeländes sind größtenteils verschwunden, doch bestehen die Kasematten unter den Bastionen noch, sie sind in der Mitte in einem Bereitschaftsraum verbunden.
Besichtigung nur mit Führung (stündlich) möglich, nicht an Montagen und im Winter.
Hersbruck: Altertümliches, früher zur Reichsstadt Nürnberg gehörendes Amtsstädtchen. Teile der Stadtmauer und drei Stadttore sind erhalten.
Schloss, ab 1517 unter Einbeziehung in die Stadtbefestigung errichtet. Dreiflügelanlage mit Portal und hohen Giebeln sowie zwei Achtecktürmen in den inneren Ecken.
Sehenswert auch die Stadtpfarrkirche und die Spitalkirche, beide mit schönen Altären aus der Zeit um 1500.
Deutsches Hirtenmuseum (Eisenhüttlein 7), geöffnet von Dienstag bis Sonntag 10 bis 12 Uhr und 14 bis 16 Uhr.

mehrstöckigen Speichergiebeln auf. Sie sind ein Hinweis darauf, dass wir uns in früherem Hopfenanbaugebiet befinden. An den trockenen Hängen der Hersbrucker Alb war auch die Schafhaltung sehr verbreitet. Wer sich mit dem Brauchtum der Hirten näher beschäftigen möchte, sollte in Hersbruck noch das Deutsche Hirtenmuseum besuchen. Zu einer schönen Einkehr im Freien besteht reichlich Gelegenheit. . In Kersbach können wir im tiefen Schatten verborgen unter der alten Linde sitzen, die 1650 nach dem 30-jährigen Krieg als Friedenslinde gepflanzt wurde. In ihrem unteren Bereich verlaufen die Hauptäste waagrecht. Die Äste wurden in der Jugendzeit des Baums entsprechend geformt, damit man auf ihnen ein begehbares

Das Gasthaus in Kersbach mit der 350-jährigen Linde

Im Garten des Gasthauses „Zur Linde" kann man zwischen sonnigen und schattigen Plätzen wählen.

Holzgerüst errichten konnte. Auf diesem konnten die Musiker an der Kirchweih zum Tanz aufspielen. Derartige „Tanzlinden" findet man verschiedentlich noch in fränkischen Dörfern.

In Weißenbach kommen wir bereits am nächsten Gartenlokal vorbei. Auch in Kühnhofen können wir einkehren und fein essen. Leider liegt die Gartenterrasse nahe bei einer ziemlich stark befahrenen Straße. So bietet sich für eine Einkehr am Ende der Wanderung das Gasthaus auf dem Michelsberg an. An der höchsten Stelle des Hersbrucker Stadtgebiets genießen wir hier einen prächtigen Panoramablick auf die hochgebauten Altstadthäuser und hinüber zum Deckersberg und ins Tal von Pommelsbrunn.

Wegbeschreibung

Vor dem Bahnhof Schnaittach gehen wir nach rechts und laufen an der Bushaltestelle vorbei. Zu unserem ersten Ziel, der Ruine Rothenberg, führen die Markierungen „weiß/rot/weiß" und „Rotes Andreaskreuz". Wir folgen der Straße parallel zur Bahn. Nach etwa 150 m führt uns rechts ein Fußweg über das Bahngleis. Nun geht es mit den genannten Markierungen in der Bergstraße empor. Diese setzt sich als Fußweg fort. Wir sehen Erläuterungstafeln eines Naturlehrpfads. Nach einem Stück Anstieg kommen wir unterhalb des Berggasthofs „Am Rothenberg" zu einer Weggabelung. Rechts führt das „Rote Andreaskreuz" weiter, links die Markierung „weiß/rot/weiß". Beide Wege führen zur Ruine. Wir folgen für den Hinweg der erstgenannten Markierung, die den Zufahrtsweg zu der Gastwirtschaft überquert und dann steil durch den Wald zum Eingang der Festungsruine hinführt.

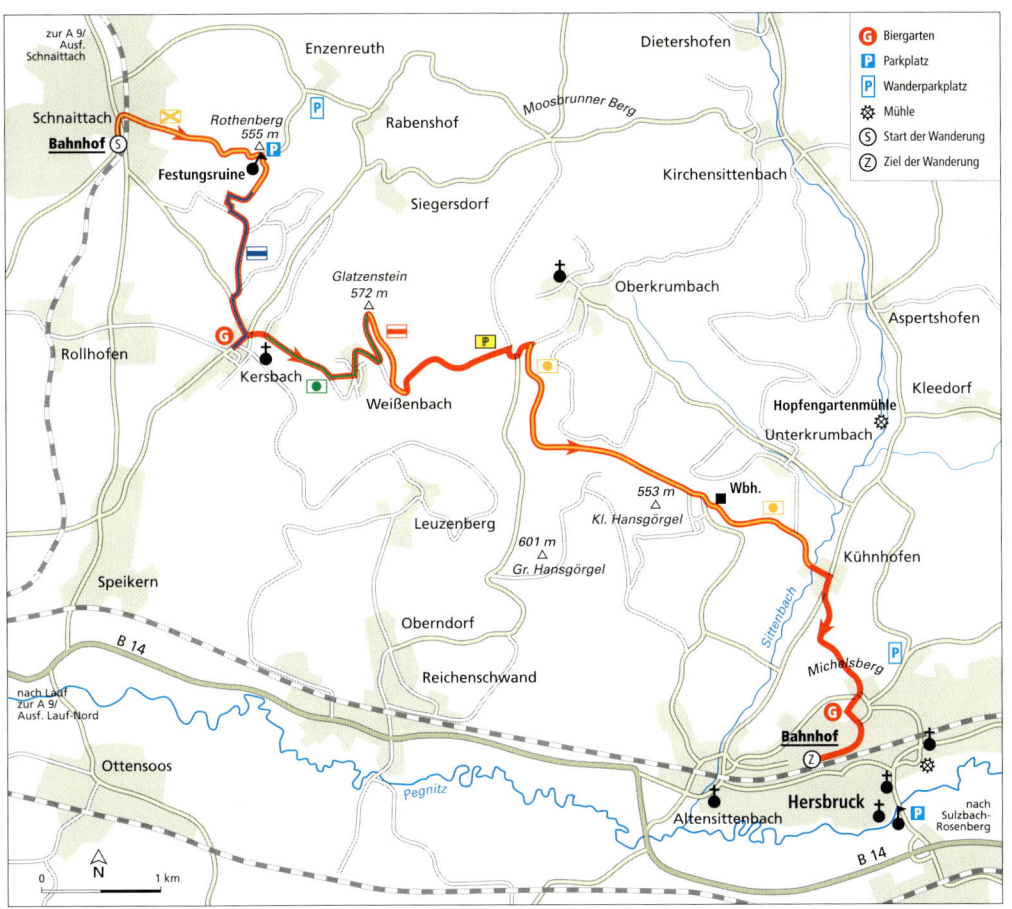

Zum Weiterweg gehen wir beim Kassenhäuschen vorbei und dann auf dem Fußweg nach rechts (Wegweiser „Schneckenbrunnen"). Es ist dies zunächst der Weg in Richtung Schnaittach mit dem „Roten Andreaskreuz". Er führt unterhalb der Bastionen der Festung entlang. Bald kommt ein erster Wegweiser in Richtung Kersbach. Diesem Weg folgen wir noch nicht, weil wir den Friedhof der Festung besuchen wollen. Wir gehen mit dem Zeichen „Rotes Andreaskreuz" weiter. Links führt ein kleiner Abstecher zum Friedhof hinunter. Dann gehen wir wieder hinauf und wandern noch ein kleines Stück ziemlich eben mit der bisherigen Markierung in Richtung Schnaittach weiter, bis wir auf einen „weiß/blau/weiß" markierten Weg stoßen. Hier laufen wir scharf nach links in Richtung Kersbach. Ein Wegweiser zeigt dies auch an. Ein breiter Weg wird überquert und mit der „weiß/blau/weißen" Markierung geht es hinunter zum Waldende und über eine Wiese zu einer kleinen Straße, auf der wir bis Kersbach wandern. Vor uns sehen wir bereits den Glatzenstein. Im Ort kommen wir zur Hauptstraße.

Blick zum Glatzenstein und nach Weißenbach

Wenige Meter nach rechts befindet sich die Gastwirtschaft mit dem Biergarten. Bis hierher waren wir etwa 80 Minuten unterwegs.

Für die Fortsetzung der Wanderung folgen wir bis zum Glatzenstein der Markierung „Grüner Punkt". Wir laufen auf der Ortsstraße in östliche Richtung und folgen dann den Hinweisschildern zum Berggasthof Glatzenstein und nach Weißenbach. Ungefähr 700 m nach Kersbach überquert die Straße einen kleinen Bach. Hier gehen wir mit dem „Grünen Punkt" an diesem Bach entlang auf einem Fußpfad hoch. Nach ein paar Treppenstufen kommen wir in Weißenbach bei dem Milchhaus heraus. Oberhalb liegt das Gasthaus „Zum Glatzenstein", das ebenfalls einen Biergarten hat. Wir laufen auf der Straße nach links und dann halbrechts auf der „Glatzensteinstraße". Nach dem Ortsende macht die Straße eine scharfe Wendung nach rechts. Kurz danach führt links der markierte Wanderweg mit dem „Grünen Punkt" durch den Wald ziemlich steil schräg empor. Bei der Informationstafel am Glatzenstein kommen wir heraus.

Zum Weiterweg folgen wir dem Albrandweg, der „weiß/rot/weiß" markiert ist, in südlicher Richtung. Der Weg führt teils im Wald, teils am Waldrand, oberhalb des Steilhanges entlang. Nach etwa 10 Minuten gelangen wir zu der geteerten Straße, die von Weißenbach heraufkommt. Hier halten wir uns links und wandern, nunmehr ohne Markierung, auf der schmalen Straße über die Jurahochfläche hinweg. Nach knapp 15 Minuten kommt von links ein Sträßchen, das mit der Markierung „Gelbes Kreuz" versehen ist, auf diesem gehen wir nach rechts. Nach einer Kurve führt die Markierung mit dem gelben Kreuz nach rechts weg. Wir folgen ihr nicht, sondern gehen auf der Straße noch ein Stück bergab in Richtung Oberkrumbach. Alsbald zweigt rechts eine Waldstraße ab, die mit einem „Roten Punkt auf weißem Feld" markiert ist. Diesem Zeichen werden wir bis Kühnhofen treu bleiben. Nach etwa 2 km geht es links auf einem Fußweg hinunter, der dann wieder zu der Waldstraße hinführt. Außer der Markierung sehen wir auch immer wieder Schilder, die auf das Gasthaus „Grüner Baum" in Kühnhofen hinweisen So können wir den Weg dorthin nicht verfehlen.

In Kühnhofen geht es über den Bach und an alten Bauernhöfen vorbei zur Hauptstraße. An dieser begeben wir uns nach rechts. Nach etwa 100 m sehen wir auf der rechten Seite den Gasthof Grüner Baum. Wir überqueren die Straße und gehen schräg gegenüber vom Gasthaus auf einer kleinen, zunächst geteerten Straße weiter. Nach einem kleineren Anstieg gelangen wir in bebautes Gebiet der Stadt Hersbruck. Zum Ort und zum Bahnhof direkt geht man auf der Straße „Zolltafel".

Zum Besuch der Gaststätte am Michelsberg laufen wir an der ersten Kreuzung im Ort nach rechts in die Max-Reger-Straße und dann nach links in den Hans-Sachs-Ring. Beim Parkplatz der Gaststätte führt ein Treppenweg zu dieser hinan. Zum Bahnhof können wir ab dem Gasthaus nochmals mit 15- 20 Minuten Gehzeit rechnen. Wir laufen ein paar Treppenstufen hinunter und zwar auf der Seite, auf der wir gekommen sind, wenden uns dann aber scharf nach links und gelangen in die Grünanlage am Michelsberg. Wir gehen in südöstlicher Richtung durch die Grünanlage an einigen Hauseingängen vorbei hinunter, überqueren eine Straße und bewegen uns in Richtung des Kriegerdenkmals. Noch ein Stück weiter bergab kommen wir wieder zur „Zolltafel", auf der wir hinuntergehen. Unten laufen wir rechts am Bahngleis entlang. Wenn wir die Innenstadt besuchen wollen, gehen wir durch die nächste Bahnunterführung nach links. Wollen wir direkt zum Bahnhof, so folgen wir der Straße am Gleis entlang bis zum Bahnparkplatz, wo eine Unterführung uns zu den Abfahrtsgleisen hinbringt.

Bei Kühnhofen sieht man den Großen und den Kleinen Hansgörgelberg

Die Biergärten der Wanderung in der Hersbrucker Alb

1. Gasthaus Zur Linde Kersbach
150 Jahre altes Gasthaus mit 350-jähriger Linde.
Telefon: 0 91 53-2 63
Öffnungszeiten: Montag Ruhetag. Dienstag bis Samstag von 11.30 bis 14 Uhr und ab 17 Uhr geöffnet. An Sonntagen ab 10 Uhr durchgehend offen. Kirchweih am 4. Juliwochenende (Samstag bis Montag).
Lage: Ruhig. Im vorderen Bereich tiefer Schatten unter der alten Linde. Im rückwärtigen Bereich teils sonnige, teils schattige Plätze auf Gartenstühlen und an Tischen. Im Garten Bedienung. Spielbereich mit Schaukel und Tischtennisplatte.
Essen und Trinken: Zu den Öffnungszeiten immer warme Küche (z. B. Steak vom Angusrind). Am Sonntag auch verschiedene Braten. Während der Saison Karpfen.
Bier von der Brauerei Wolfshöhe Neunkirchen am Sand (Hell, Pils, Weizen vom Fass). Frankenweine und Schnäpse aus der Region.

2. Gaststätte Zum Michelsberg Hersbruck
Telefon: 0 91 51-7 04 20
Öffnungszeiten: Im Sommer täglich außer Dienstag von 10 bis 24 Uhr. Im Winter nur an Samstagen und Sonntagen ganztägig offen, sonst ab 17 Uhr (außer Dienstag).
Lage: Sehr ruhig auf einer sonnigen Terrasse mit weiter Aussicht über die Stadt und die Hersbrucker Alb. Büsche und Bäume im Vordergrund. Holzbänke und Holztische.
Essen und Trinken: Wechselnde Tageskarte. Wechselnde Saisongerichte und Brotzeiten. Am Sonntag verschiedene Braten.
Lager, Pils und Weizen vom Bürgerbräu Hersbruck.

3. Biergärten
ferner in Schnaittach (Gasthof Kampfer), Berggasthof Rothenberg (unterhalb der Festung), Weißenbach (Berggasthof „Zum Glatzenstein"), Kühnhofen (Gasthof „Grüner Baum"), und Hersbruck.

Zum Kreuzberg im Aischgrund bei Forchheim

Wanderung zu 7 Bierkellern

Forchheim – Burk – Willersdorf – Kreuzberg – Hallerndorf – Schlammersdorf – Bahnhof Eggolsheim.

Ziel dieser ziemlich langen, aber sehr lohnenden Tageswanderung ist der oberfränkische Kreuzberg. Er ist nicht so bekannt wie sein Namensvetter in der Rhön. Beide Kreuzberge (es gibt noch weitere in Franken) unterscheiden sich sehr. Der Kreuzberg in der Rhön ist das Ziel großer Wallfahrten, unser Kreuzberg im Aischgrund ist dagegen nur eine Pilgerstätte von regionaler Bedeutung. Anders als auf dem unterfränkischen Kreuzberg geht es bei dem Kirchlein am Aischgrundkreuzberg sehr beschaulich zu. Nur zum Kreuzbergfest Anfang Mai kommen recht viele Besucher, meist aus der näheren Umgebung.

Der Liebhaber des Gerstensaftes wird auf unserem Ausflug interessante Entdeckungen machen. Auf dem Berg hat man bei der Einkehr die Auswahl unter den Bieren von drei kleinen Landbrauereien aus den nahegelegenen Orten Schnaid und Hallerndorf. Hinzu kommt, dass wir auf der Tour zusätzlich in den Orten Willersdorf, Stiebarlimbach und Schlammersdorf noch weitere dörfliche Kleinstbrauereien

Weglänge: 19,5 km (bzw. 21 km bei der Variante mit Stiebarlimbach).
Gehzeit: 4 ¾ bis 5 ½ Stunden.
Anfangspunkt: Bahnhof Forchheim, Anfahrt ab Nürnberg und Bamberg mindestens im Stundentakt. Ab Nürnberg An- und Rückfahrt im Verkehrsverbund.
Endpunkt: Bahnhof Eggolsheim, stündlich Zugabfahrt.
Gelände: Zwei Anstiege, sonst meist eben; knapp die Hälfte der Wanderung verläuft im Wald.
Karte: Fritsch Wanderkarte 1 : 50 000 Bamberg-Forchheim.
Empfohlene Jahreszeit: Vom Frühjahr bis zum Herbst bei nicht zu heißem Wetter. Besonders schön ist es auf den Kellern zur Zeit des Laubaustriebs.
Das Kreuzbergfest findet am Sonntag nach dem 3. Mai statt. In Willersdorf ist Kirchweih am letzten Wochenende im August.
Sehenswertes: *Forchheim:* „Kaiserpfalz" (frühere Bischofsburg, in großen Teilen gotisch, im Inneren Museum und wertvolle Wandmalereien aus der Zeit um 1500); am Marktplatz Fachwerkhäuser und Rathaus mit Uhrtürmchen und derb humorvollen Schnitzereien; Pfarrkirche St. Martin; Alte Wache am Paradeplatz, Biedermeierbau; Brücke mit Barockfiguren an der Regnitz.
Kreuzberg: Wallfahrtskirchlein, daneben offene Friedhofskapelle von 1725. Fachwerkkellerhäuser.

Bild oben: Die Wallfahrtskirche zum Heiligen Kreuz

kennen lernen können. Welch eine Brauereidichte hier im südwestlichen Oberfranken!

Schon seit dem 18. Jahrhundert wird auf den Kellern des Kreuzbergs Bier gelagert und wohl auch ausgeschenkt. An den Zielorten von Wallfahrten musste der Durst der Pilger, die oft von weither zu Fuß kamen, gestillt werden. Die drei Brauereien haben auf dem Kreuzberg eigene, aus dem 19. Jahrhundert stammende Kellerhäuser, die zusammen mit den vielen Sitzplätzen im Freien unter alten schattenspendenden Laubbäumen uns einen Eindruck davon geben, wie unsere Vorfahren gelebt und gefeiert haben.

Beim Friedel-Keller ist viel los

Der Rittmayer Gartenkeller in Hallerndorf liegt besonders schön unter alten Bäumen

Die Zufahrt mit PKW ist nicht gestattet, so dass der Wanderer ungestört und entspannt ausprobieren kann, welchem Keller er den Vorzug geben will. Die Biere werden in den kellertypischen Steinkrügen ausgeschenkt. Jede Biersorte hat ihren individuellen Charakter. Von den meisten anderen Bierkellern der Gegend um Bamberg und Forchheim unterscheiden sich die Kreuzbergkeller dadurch, dass sie im Sommer auch wochentags und im Winter zumindest am Sonntag geöffnet haben. Für unsere Wanderung am Wochenende bietet sich ein schöner Tag im Frühjahr oder ein sonniger Tag im Oktober an, wenn andere Keller schon geschlossen haben. Will man allerdings auch die Dorfkeller in Hallerndorf am Rückweg besuchen oder eine Schlusseinkehr beim Witzgallkeller in Schlammersdorf einplanen, so kommt doch nur ein Sommersonntag in der Zeit von Mai bis September in Betracht. Insgesamt kommen wir an sechs bzw. – unter Einschluss des Roppelt-Kellers – sieben Kellern vorbei. Natürlich muss man nicht alle Keller an einem Tag besuchen. Auch in umgekehrter Richtung lässt sich die Wanderung mit anderem Kellerbesuch gut wiederholen. Oder man geht dann, was die Wanderstrecke erheblich verkürzen würde, von Eggolsheim aus zum Kreuzberg und auf dem gleichen Weg zurück.

Zu erwähnen wäre noch, dass im Bereich unserer Wanderung auch eine Gastwirtschaft mit schönem Garten (ohne Bierkeller) liegt. Es ist dies der Landgasthof Rittmayer in Willers-

Der Lieberth-Keller ist einer der drei alten Bierkeller auf dem Kreuzberg

dorf (namensgleich mit Rittmayer von Hallerndorf). Es wird dort gut gekocht und ein wohlschmeckendes, feinherbes helles Bier gebraut. Mit Ausnahme von Montag und Dienstag ist auch mittags immer geöffnet.

Unsere Wanderung hat auch kulturell und landschaftlich einiges zu bieten. Sie führt uns zunächst durch die Altstadt von Forchheim, vorbei an den prächtigen Fachwerkhäusern des Rathausplatzes. Dann überqueren wir die Regnitz auf einer Steinbrücke mit barocken Heiligen. Hinter Burk erreichen wir den Staatsforst „Untere Mark", der uns erwünschten Schatten spendet. Jenseits des großen Waldes gelangen wir in den weiten, landwirtschaftlich geprägten Aischgrund. Die sanfte Anhöhe des Kreuzbergs sehen wir hier schon vor uns. Bei dem nicht steilen Anstieg bieten sich schöne Ausblicke. Das Kirchlein am Berg ist meist nicht geöffnet, doch sollte man die wenigen Schritte zu ihm und dem ummauerten früheren Friedhof hinaufpilgern.

Der Rückweg führt durch den hübschen Ort Hallerndorf und den Aischgrund. Je nach Lust und Laune können wir noch den urtümlichen Schlammersdorfer Keller besuchen oder direkt dem Bahnhof zustreben. Für den Hinweg zum Kreuzberg wird man mit drei Stunden Gehzeit zu rechnen haben, für den Rückweg mit weiteren zwei Stunden. Für den Umweg über Stiebarlimbach würde man zusätzliche 30 Minuten benötigen. Alles zusammen ergibt ein langes, aber abwechslungsreiches Tagesprogramm.

ZUM KREUZBERG IM AISCHGRUND

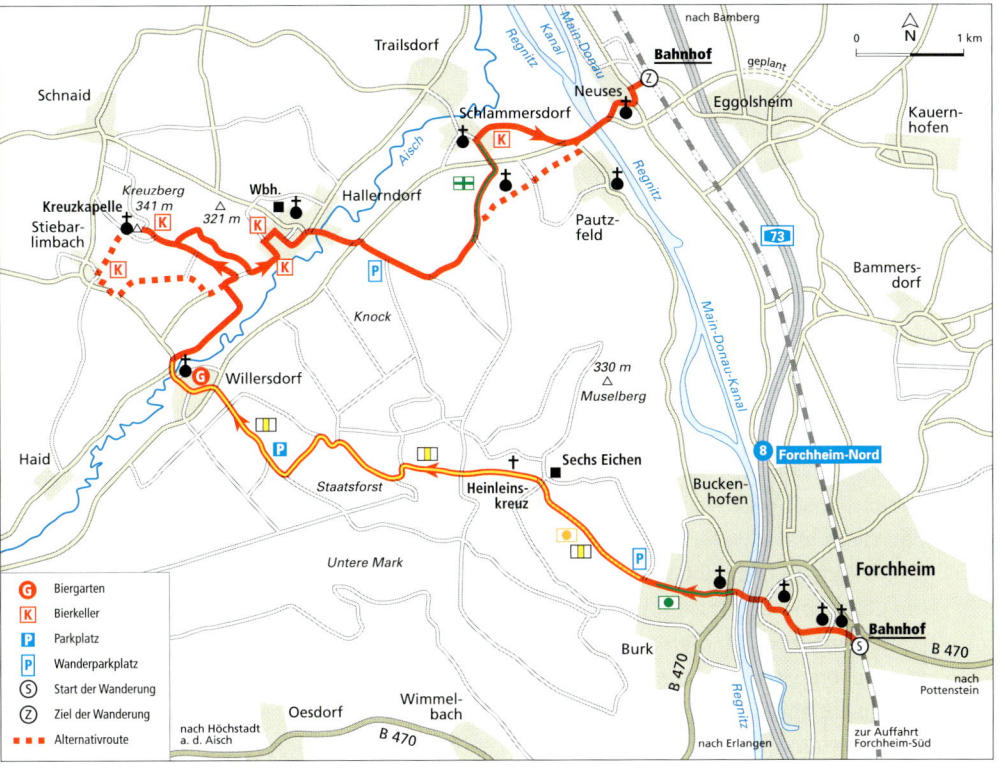

Wegbeschreibung

Vor dem Bahnhof Forchheim gehen wir rechts, am Taxistand vorbei, bei der Ampelanlage geradeaus, stadteinwärts an der Evangelischen Kirche vorbei, durch die Eisenbahnstraße und die Klosterstraße zum Paradeplatz und dort nach rechts in die Fußgängerzone (Hauptstraße) bis zum Rathausplatz. Hier halten wir uns etwas links und gehen am Rathaus vorbei zur „Kaiserpfalz". Hier biegen wir rechts in die Sattlertorstraße ein, an deren Ende wir die Autobahn und den Rhein-Main-Donau-Kanal auf einer Fußgängerbrücke überqueren. Danach geht es nicht links zu dem Freizeitgelände, sondern rechts über die alte Regnitzbrücke mit zwei schönen Barockfiguren. Wir erreichen dann alsbald die B 470, auf der wir links gehen. Nach etwa 150 m geht es rechts hinein („Frankenau"), nach weiteren 150 m laufen wir links in der Straße „Am Weingartsteig" weiter und ziemlich steil empor bis zu einem Waldparkplatz. Dort wandern wir auf einem Waldsträßchen geradeaus in den Wald hinein. Der Weg ist jetzt mit Markierungen versehen (unter anderem „gelber senkrechter Strich auf weißem Grund"). An zwei Martern vorbei erreichen wir in etwa 25 Minuten ab Waldbeginn eine Wegkreuzung, an der wir auf dem Waldsträßchen leicht nach links laufen, weiterhin der „Gelbstrichmarkierung" folgend. Geradeaus geht es alsbald auf einem schmalen Waldweg einen Hang hinab, danach auf der kleinen Waldstraße links. Wir achten immer gut darauf, dass wir unsere Markierung nicht verlieren. Vor dem Waldende haben wir noch eine weitere Linkskurve und stoßen dann auf eine andere Waldstraße, auf der wir nach rechts weitergehen. Kurz danach erreichen wir das Forstende. Linkerhand liegt hier die Kellerwaldschänke. (Bier einer Großbrauerei).

Auf unserem Sträßchen laufen wir geradeaus weiter, überqueren die Straße Eggolsheim – Adelsdorf und gehen in den Ort Willersdorf hinein. Bei einem Telefonhäuschen geht es halbrechts weiter, an der Braureigaststätte Rittmayer vorbei bis hin zur Kirche. Hier müssen wir und kurz links halten und dann wieder rechts. Wir überqueren die Aisch und gehen etwa 200 m geradeaus, bis rechts ein befestigter Weg abbiegt (als Radweg markiert). Diesem folgen wir (mit einem Knick nach links), bis wir in etwa 20 Minuten die Straße Willersdorf – Hallerndorf erreichen. Auf dieser gehen wir etwa 200 m in Richtung Hallerndorf und biegen dann links in die kleine Straße ein, auf der wir in etwa 20 Minuten vorbei an dem *Kreuzberg*parkplatz und einigen Kreuzwegstationen den „Gipfel" erreichen.

Für den Rückweg geht es zunächst auf dem gleichen Weg zurück bis zum Parkplatz, dann links am Waldende ein geteertes Sträßchen hinab zum Bachgrund. Hier halten wir uns rechts und wandern in dem Grund an einigen Teichen und Gärten entlang bis zur Straße und auf dieser nach links in wenigen Minuten zum Ort Hallerndorf. Rechterhand finden wir hier gleich den „Dorfkeller" der Brauerei Lieberth. Den kleinen Abstecher zum Rittmayer Gartenkeller sollten wir, wenn er geöffnet ist, nicht versäumen. Hierzu gehen wir in Hallerndorf auf der ersten Ortsstraße („Schulstraße") links hoch bis zu den letzten Häusern und hier nach rechts zum Keller.

Wir laufen dann weiter an der Kegelbahn des Kellers vorbei und auf einen kurzen Pfad zwischen zwei eingezäunten Grundstücken hindurch und erreichen über Rosenweg und Kellerbergweg wieder unten die Dorfstraße. An dieser laufen wir links bis zur Gaststätte Lieberth. Dort müssen wir rechts gehen und auf der Straße die Aisch überqueren. In knapp 10 Minuten erreichen wir wieder die Hauptstraße Eggolsheim- Adelsdorf, der wir für etwa 50 m nach links zu folgen haben. Sodann biegen wir nach rechts in eine Waldzufahrtsstraße ab und gehen auf dieser bis zum Waldbeginn. Hier nicht den halbrechts verlaufenden markierten Weg einschlagen, sondern der kleinen Waldstraße geradeaus folgen! 550 m (= 8 Minuten) nach dem Waldbeginn – es ist die zweite Abzweigung eines Wegs nach links – biegen wir links in einen Waldpfad ein und laufen auf diesem in östliche bis nordöstliche Richtung. Nach ca. 10 Minuten kommen wir auf diesem Waldweglein zu einer Waldstraße, die mit dem Wanderzeichen „grünes Kreuz" markiert ist. Auf dieser markierten Waldstraße gehen wir nach links bis Schlammersdorf. Wir haben dabei wieder die Straße Adelsdorf – Eggolsheim zu überqueren. In Schlammersdorf gehen wir rechts und kommen bald an einem Wäldchen zu dem Keller der Brauerei Witzgall.

Auf der kleinen Ortszufahrtsstraße laufen wir weiter in Richtung Eggolsheim, erreichen dann wieder die Aischgrundstraße, die Schlammersdorf umgeht. An dieser gehen wir auf einem Geh- und Radweg weiter und überqueren geradeaus den Main – Donau – Kanal. Nach der Brücke biegen wir links nach *Neuses* ein. Auf der Ortsstraße gelangen wir zur alten Bundesstrassenortsdurchfahrt, gehen hier für 250 m nach links und dann rechts durch die Eisenbahnstraße zum Bahnhof Eggolsheim.

Wenn wir in Schlammersdorf nicht mehr einkehren wollen – der Weg verkürzt sich dadurch um 10 bis 15 Minuten – gehen wir mit der Markierung Grünkreuz nur bis zum Waldende. Hier laufen wir dann nach rechts auf einem dürftigen Weg am Wald entlang, bis wir auf einen befestigten Weg stoßen, der durch die Flur geradeaus in nordöstliche Richtung zu einer von Pautzfeld kommenden Straße führt. Hier gehen wir links und erreichen bald die Kreuzung mit der Straße, die von Schlammersdorf kommt. Dann laufen wir wie oben beschrieben, über den Kanal weiter.

Variante unter Einschluss des Roppelt-Kellers in Stiebarlimbach:

Wenn wir diesen Keller in unsere Wanderung miteinbeziehen wollen, steigen wir am Kreuzberg den Fußweg, der direkt neben dem Lieberth – Keller abgeht, ziemlich steil geradeaus hinab. Am Waldende liegt der Roppelt – Keller. Nach dem Kellerbesuch gehen wir geradeaus in den Ort Stiebarlimbach, hier auf der Straße nach links und nach etwa 350 m wieder links in einen Flurbereinigungsweg hinein. Nach knapp einem Kilometer hat man sich leicht rechts zu halten und erreicht dann bald danach die kleine Straße, die links nach Hallerndorf führt. Von da an geht es wie bereits beschrieben weiter.

Die Bierkeller der Kreuzbergtour

1. Friedel-Keller Kreuzberg

Der Keller besteht seit 1722.
Telefon: 0 95 45-47 36
Öffnungszeiten: Im Sommer täglich ab 10 Uhr. Im Winter (Mitte Oktober bis April) nur Freitag, Samstag und Sonntag ab 10 Uhr. Bei schlechtem Wetter und im Winter ist das gemütliche Fachwerkkellerhaus geöffnet.

Lage: Überwiegend schattig unter alten Bäumen, sehr ruhig, Kinderspielmöglichkeiten vorhanden,
Keller besteht seit 1722.
Essen und Trinken: Durchgehend warme Speisen in reichhaltiger Auswahl, auch Heringe und Makrelen sowie Kellerbrotzeiten. Kellerbier aus eigener Brauerei (ausgeschenkt in Maßkrügen, doch auch als „Schnitt" = reichlich eingeschenkte halbe Maß) erhältlich.
Biertyp: kupferfarbenes Lagerbier, malzaromatisch-weich mit feinherben Nachgeschmack. Schnäpse aus eigener Brennerei.

2. Lieberth-Keller Kreuzberg

Der Keller existiert ungefähr seit 1850.
Telefon: 0 95 45-7 07 46
Öffnungszeiten: Im Sommer (Mai bis September) bei schönem Wetter täglich ab 11 Uhr. Im Winter nur sonntags und feiertags ab 11 Uhr (im November ab 13 Uhr), dann hat das hübsche Fachwerkkellerhaus geöffnet.
Lage: Sehr ruhig, teils sonnig, teils schattig unter altem Baumbestand.
Essen und Trinken: Immer einige warme Gerichte, gute Auswahl an Kellerbrotzeiten. Kaffee und Kuchen.
Bier aus eigener Brauerei(„Pils") als Maß oder als „Seidla". Biertyp: Sehr süffiges, bei Hitze durstlöschendes, angenehm hopfenbitteres Vollbier ohne Kohlensäureanstich.

3. Rittmayer-Keller Kreuzberg

Der Keller besteht seit 1707, das Kellerhaus seit 1828 (Jahreszahl am Haus).
Telefon: 0 95 45-45 54 (Keller) oder 0 95 43-75 76 (privat).
Öffnungszeiten: Sommer: (Ende April bis Anfang Oktober) täglich ab 11 Uhr. Im Winter nur an Sonn- und Feiertagen ab 11 Uhr. Bei Anmeldung von Gruppen wird auch an anderen Tagen aufgemacht. Altes Kellerhaus, auch bei schlechtem Wetter und im Winter geöffnet.
Lage: Sehr ruhig, überwiegend schattig unter alten Bäumen.
Essen und Trinken: Einige warme Gerichte, Freitag ab Nachmittag Fisch vom Grill. Kaffee und Kuchen. Kellerbier aus eigener Brauerei in Maßkrügen, auch als „Schnitt". Dunkel-malziger Biertyp. Auch eigenes Weizenbier vom Fass.

4. Roppelt-Keller Stiebarlimbach (Abzweigung)

Telefon: 0 91 95-72 63 (Gastwirtschaft Roppelt).
Öffnungszeiten: Mai bis September, bei schönem Wetter, manchmal auch schon im April. Montag bis Freitag ab 16 Uhr, Samstag ab 15 Uhr. Sonntags ab 14 Uhr, im Juli und August bei schönem Wetter schon ab 11 Uhr.

Lage: Schöne, ruhige Waldrandlage am Fuß des Kreuzbergs. Sonnige und schattige Plätze. Hübsches Fachwerkkellerhaus. Beliebtes Radlerziel. Kinderspielplatz und schöne Spielmöglichkeiten am Bach und im Wald.
Essen und Trinken: Kellerbrotzeiten, doch immer auch ein oder zwei warme Essen. Lagerbier vom Fass aus eigener Brauerei.
Fest: An Fronleichnam spielt bei schönem Wetter nachmittags ab 15 Uhr ein Musikzug.

5. Lieberth Dorfkeller Hallerndorf

Ein Lagerkeller besteht hier seit 1787.
Telefon: 0 95 45-85 58
Öffnungszeiten: Vom 1. Mai bis 30. September bei schönem Wetter. Werktags ab 16 Uhr, sonntags und an Feiertagen ab 10 Uhr.
Lage: Vorderer Bereich schattig oder halbschattig, rückwärtiger Bereich sonnig. Nettes Fachwerkkellerhaus. Ziemlich ruhige Lage. Kinderspielmöglichkeiten.
Essen und Trinken: Im wesentlichen Kellerbrotzeiten, stets auch ein warmes Gericht. Bier: siehe Lieberth-Keller Kreuzberg. Sonntags auch Kaffee und Kuchen.
Fest: Kellerfest am Wochenende in der Julimitte.

6. Rittmayer Dorfkeller („Gartenkeller") Hallerndorf

200 Jahre alter Felsenkeller.
Telefon: 0 95 45-10 23
Öffnungszeiten: Nur bei schönem Wetter von Mai bis September. Werktags ab 16 Uhr, sonntags ab 14 Uhr.
Lage: Sehr schöne, ruhige Lage, urtümlicher Keller mit hübschem Steinkellerhaus. Teils schattig unter alten Bäumen auf erhöhter Terrasse, teils sonnig. Kegelbahn, auf der noch gespielt werden kann.
Essen und Trinken: Hausmacherbrotzeiten, am Sonntag auch Kaffee und Kuchen. Kellerbier, auch im „Seidla" (½ Liter).

7. Witzgall-Keller Schlammersdorf

Telefon: 0 95 45-74 52 (Gaststätte).
Öffnungszeiten: Nur sonntags ab 14 Uhr.
Lage: Schattig und im Sommer kühl unter alten Bäumen. Bei Regen Platz in der Gaststube des Kellerhauses.
Essen und Trinken: Kellerbrotzeiten, auch kleine warme Gerichte, Kaffee und Kuchen. Kellerbier aus eigener Brauerei, auch im Seidlakrug. Biertyp: Kupferfarbenes Lagerbier, angenehm herb und nachhaltig, da gut gehopft.

6 Blütenwanderung zum Walberla und nach Pretzfeld

Einkehr bei der Landbrauerei in Hetzelsdorf

Wiesenthau – Ehrenbürg (Walberla) – Leutenbach – Hetzelsdorf – Hagenbach – Pretzfeld.

Unsere Wanderung führt in großen Teilen durch Streuobstgelände in der Nähe des Wiesenttals und des Trubachtals. Die Süd- und Westhänge am Walberla sind Ende April bis Anfang Mai ein einziges Blütenmeer von Apfel- und Birnbäumen. Daneben gibt es die schon früher blühenden Kirschen, die vor allem im Bereich von Hetzelsdorf und dem kirschenberühmten Pretzfeld die Hänge beherrschen. Eine Wanderung zu dieser Jahreszeit ist ein Genuss. Am ersten Maisonntag findet seit 1909 auf dem Ehrenbürg das Walberlafest als Kirchweih statt. Verkaufsveranstaltungen und Kirchenfeste (auch zu der Walburgiskapelle bestand eine Wallfahrt!) gibt es heroben schon seit 600 Jahren. Buden, Zelte und Schausteller sind dann immer schon (und auch heute noch) auf dem Bergplateau zu finden gewesen. Heute wie früher bekommt man zu essen und zu trinken. Menschen, die das Gehen verlernt haben, versuchen

Das Schloss in Wiesenthau stammt noch aus dem späten Mittelalter

heutzutage mit ihren Autos so nah wie möglich an den Gipfel heranzufahren. Ob man an einem solchen Tag die Wanderung unternehmen will, muss gut überlegt sein.

An anderen Tagen geht es auf dem Berg ruhiger zu, auch wenn er für die Bewohner Frankens, vor allem aus den umliegenden

Auf der weiten Hochfläche des Ehrenbürg steht die Walburgiskapelle

Weglänge: 12,5 km.
Gehzeit: 3 ¾ Stunden.
Anfangspunkt: Bahnhof Wiesenthau Bahnstrecke 821 Forchheim- Ebermannstadt. Stündliche Zugverbindung. Gute Anschlüsse in Forchheim bei Anfahrt von Nürnberg bzw. Bamberg. Verkehrsverbund Nürnberg.
Endpunkt: Bahnhof Pretzfeld. Bahnstrecke wie oben. Stündliche Verbindung, lediglich ein Zug am frühen Nachmittag entfällt. Verkehrsverbund Nürnberg.
Gelände: Die Wanderung ist nicht lang, doch erfordern die Anstiege zum Walberla (über 200 m Höhenunterschied) und zur Hetzelsdorfer Höhe (knapp 200 m Anstieg) etwas Kondition. Nur ein Viertel der Strecke verläuft im Wald. Wanderschuhe sind zu empfehlen.
Karte: Fritsch Wanderkarte Naturpark Fränkische Schweiz Blatt Süd 1:50 000 oder Bamberg/Forchheim vom gleichen Verlag mit demselben Maßstab.
Empfohlene Jahreszeit: Nicht an sehr heißen Tagen. Am schönsten sicher in der Zeit der Obstbaumblüte Mitte April bis Mitte Mai. Die Blütezeit der Wiesen und Felsfluren erstreckt sich hauptsächlich von Mitte Mai bis Mitte Juni.
Mitte Juli findet am Pretzfelder Kellerberg sechs Tage lang das Kirschenfest statt (Information unter www.pretzfeld.de).
In Hetzelsdorf ist am 3. Maisonntag Bockbierfest.
Sehenswertes: *Wiesenthau*: Schloss: Eine Dreiflügelanlage von wehrhaftem Charakter. Den im Kern noch mittelalterlichen Hauptbau flankieren Rundtürme. Diese und auch der Treppenturm im Ostflügel stammen aus dem 16. Jahrhundert. Eindrucksvolles Beispiel der Umwandlung einer mittelalterlichen Burg in ein Renaissanceschloss (Dehio, Kunstdenkmäler Franken). Grabdenkmäler der Familie von Wiesenthau (um 1600) in der Pfarrkirche.
Ehrenbürg (Walberla): Markanter, der Fränkischen Schweiz vorgelagerter Juraberg mit Doppelgipfel und schöner Aussicht. Walburgiskapelle aus dem 16./17. Jahrhundert.
Pretzfeld: Pfarrkirche St. Kilian. Ursprünglich eine der 14 von Karl dem Großen zur Betreuung der Slawen erbauten Kirchen. Derzeitiger Bau durch Johann Michael Küchel 1742 fertiggestellt. Gilt als eine der glanzvollsten Dorfkirchen des Gebiets. Stattlicher Turm, Schönbornwappen über dem Kirchenportal. Im Inneren vor allem schöne Seitenaltäre.

In Hetzelsdorf trinkt man das dort gebraute Landbier

Dorfstraße und Gasthaus Richter in Hagenbach

Dörfern, schon immer ein Anziehungspunkt war und bis heute geblieben ist. Bereits in der Bronzezeit vor 3 000 Jahren hat er Siedler angezogen, die Kelten haben ihn mit Steinwällen und Palisaden befestigt. Dies ist kein Wunder, denn er ragt mit seinen zwei Gipfeln wie ein Bollwerk aus dem Vorland heraus. Die Aussicht ins Wiesent- und Regnitztal und in die Fränkische Schweiz ist erwartungsgemäß ausgezeichnet. Man denkt an andere Aussichtswarten am Rand des Fränkischen Jura, wie an den Staffelberg und den Kordigast, die beide auch in diesem Buch beschrieben sind. An klaren Tagen kann man die Domtürme von Bamberg und den Fernsehturm von Nürnberg sehen.

1978 wurde der Gipfelbereich des Ehrenbürgs und ein Teil seiner Hänge zum Naturschutzgebiet erklärt. Das war notwendig, um nicht nur die spitzen nadelartigen Schwammkalkriffe zu schützen (Problematik der Felskletterer!), sondern auch um die wertvolle Vegetation zu erhalten. Bei dem Fest Anfang Mai wird sie gleichwohl geschädigt. Im Bereich des Bergs wächst beispielsweise das fast nirgendwo sonst vorkommende Fränkische Habichtskraut. Insgesamt gibt es 600 verschiedene Arten von Farn- und Blütenpflanzen im Bereich des Bergs.

In dem Gebiet zwischen Walberla und Trubachtal sind drei fränkische Kleinstbrauereien erhaltengeblieben. Alle brauen sie entsprechend der fränkischen Tradition ein dunkles Bier, jedes in seiner Art charaktervoll und wohlschmeckend. Verglichen mit dem Einheitsgeschmack der Biere der meisten Großbrauereien wird uns hier noch echter Biergenuss zuteil. Bei der Brauereigaststätte Meister in Unterzaunsbach kommen wir nicht direkt vorbei. Mit einem Umweg von 2 km (ab Hetzelsdorf mit der Markierung blauer Ring) könnten wir auch dort einen Besuch machen. In Leutenbach gibt es die Brauereigaststätte Drummer. Das Bier dort ist gut, das Essen fränkisch-deftig. Man kann auch im Hof sitzen, doch hier von einem Bier-„Garten" zu sprechen, ist leider nicht möglich. In Hetzelsdorf bei der Brauerei Penning-Zeißler sitzen wir zwar auch auf einer Terrasse, aber umgrünt von Büschen, einer Kastanie und einer Linde. Das Bier ist bräunlich-rot und angenehm herb bei gleichzeitig vorhandenem dezenten Malzton. Die hausgemachten Brotzeiten sind besonders zu empfehlen. Kurz vor dem Ende der Wanderung gibt es dann in Hagenbach nochmals ein solides Wirtshaus mit einem Garten, in dem ebenfalls Hetzelsdorfer Bier ausgeschenkt wird.

Wegbeschreibung

Am Bahnhof Wiesenthau überqueren wir die Straße zur Gaststätte „Zur Eisenbahn" hin und folgen der Straße Richtung Pretzfeld für etwa 125 m. Es geht dann rechts auf einer kleinen Straße in Richtung des Ortes Wiesenthau. Unser Weg führt an einem Dorfweiher vorbei. Vor uns liegt das Schloss. Bei einem Carport geht rechts ein gepflasterter Fußweg ab. Diesem folgen wir, steigen eine Treppe empor und kommen zum Eingang des Schlosses. Etwas weiter erreichen wir eine Vorfahrtsstraße. An dieser laufen wir nach links an der Kirche vorbei. Die nächste Straße (nach dem Rathaus), die nach rechts führt, ist die „Ehrenbürgstraße". Diese wandern wir entlang und gehen am Ende der Bebauung bei einem Verkehrsverbotsschild geradeaus weiter. Unsere Markierungen sind zunächst „Blauer Punkt" und „Diagonaler blauer Querstrich". Bei der nächsten Weggabelung gehen wir leicht links, laufen an einer Bank vorbei und steigen geradeaus durch Wiesen und Obstbaumgelände hoch. Nach etwa 10 Minuten kommen wir auf einen größeren Querweg. Auf diesem wandern wir für etwa 100 m nach rechts. An der rechten Wegseite sehen wir an einem Baum wieder das Zeichen „Blauer Diagonalstrich", das uns darauf hinweist, dass wir nach links abbiegen müssen. Demzufolge steigen wir über eine Wiese bergauf und kommen zu einem weiteren Querweg. Hier wandern wir nach rechts und kommen bald zu einer vom Bürgerverein Schlaifhausen gestifteten Bank. Etwa 20 m nach der Bank geht es wieder links bergauf an einem Zaun entlang. Oben kommen wir, leicht nach rechts gehend, zu einem Parkplatz. Hier führt links bergauf ein geteerter Weg zu dem Bergsattel zwischen Walberla und Rodenstein. Den

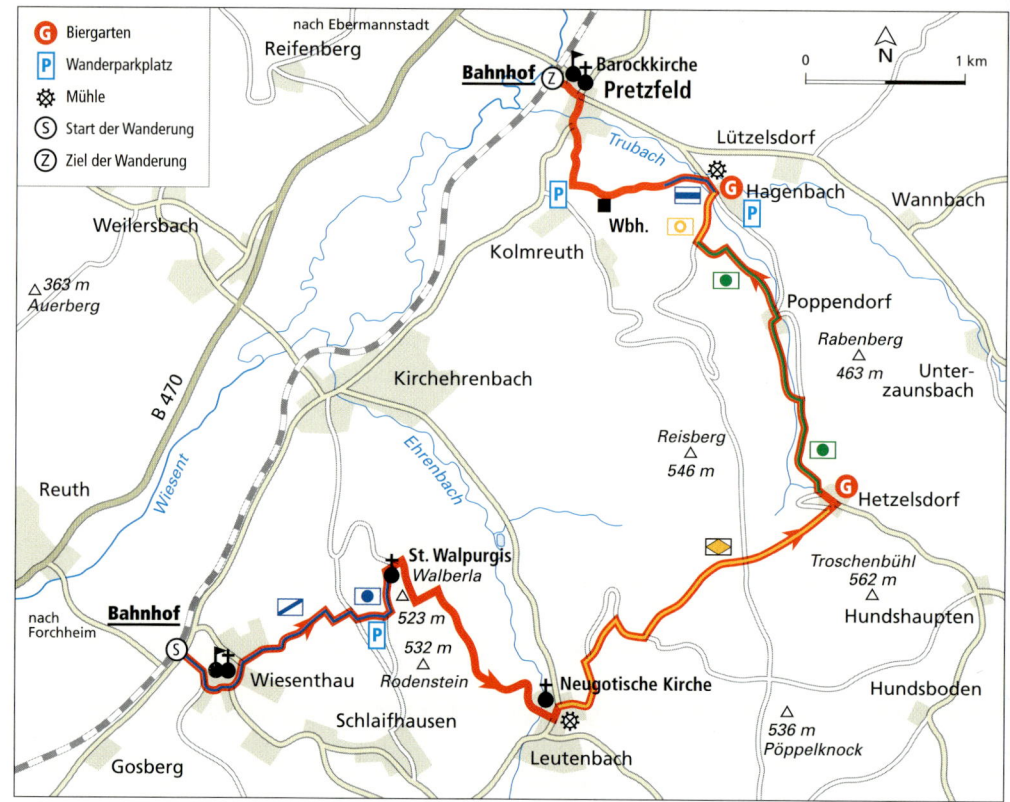

Rodenstein müssen wir nicht notwendigerweise besuchen, sondern steigen direkt über Wiesen zu der bereits sichtbaren Kapelle empor.

Nach der Kapelle gehen wir an einer Reihe von Bänken vorbei zu dem Kreuz und dem Aussichtspunkt an der Nordostecke des Bergs. Hier schwenken wir nach rechts und kommen zu einer weiteren Bank. Ohne richtigen Weg gehen wir in südöstlicher Richtung auf der Wiese am Rand des Steilabfalls um einige Ecken herum den Hang hinab, bis wir zu einem kleinen Pfad kommen, der von der Kapelle her zum Wald hinführt. Diesem Pfad, der nur leicht bergab geht, folgen wir nach links. Ungefähr in der Höhe des Bergsattels zwischen Walberla und Rodenstein führt der kleine Weg zwischen Buschwerk in den Wald hinein und dann in einem Tälchen hinunter. Wenn der Weg wieder flacher wird, kommen wir zu einem größeren, um den Berg herum führenden, Weg, der mit einer „Roten Krone" markiert ist. Hier laufen wir nach rechts. Der Weg führt erst leicht bergab, dann ist er eben. Später geht er geteert nach Leutenbach hinunter. Wir wandern am Ortsbeginn über die Brücke, gehen links vom „Nahkauf" zu der Kirche hin und zur Hauptstraße (hier drei Gaststätten).

Dort marschieren wir für etwa 30 m nach links und wandern dann rechts in die Straße „Am Köppel" hinein. In dieser laufen wir bis zum Ende der Bebauung. Etwas links geht es dann über eine Wiese empor. Mehrere Markierungen und Wegweiser zeigen uns den Weg an, auch den nach unserem nächsten Ziel Hetzelsdorf. Unsere Markierung dorthin ist eine „Rote Raute". Nach einem hübschen ebenen Wegstück mit Obstbäumen kommen wir zu einer Schotterstraße, auf der wir wenige Meter hochsteigen. Auf einem Fußweg mit der „Roten Raute" geht es nun rechts in den Wald hinein und in diesem ziemlich steil bergauf, bis wir zu einer kleinen Waldstraße kommen. Hier wandern wir nach rechts für weitere 250 m bergauf und gelangen zu einer Wegtafel und einer Hütte mit Sitzgruppe. Hier führt unsere Markierung nach links in den Wald. Nach dem kleinen Waldstück geht es an einer Wiese entlang und zwischen Hecken hindurch. Über eine weitere Wiese, an einem Obstgarten entlang, gelangen wir in freies Feld (hier Wegweiser). Wir laufen geradeaus auf einem Feldweg, bis wir zu einer ungeteerten Straße kommen. Auf dieser gehen wir nach rechts bis zum Ort Hetzelsdorf. Wir kommen hier beim Gasthaus Prütting-Brendel an (Bänke vor dem Haus und unter einem Nussbaum, Maiselbier und Brotzeiten). Beim Gasthaus vorbei gehen wir nach rechts zur Ortsmitte und laufen an der Vorfahrtsstraße nach links steil hinunter zum Gasthaus Penning-Zeißler.

Gleich unterhalb des Gasthauses führt rechts eine Straße zum Friedhof. Hier gehen wir weiter. Unsere neue Markierung ist der „Grüner Punkt". Am Ende der Straße bei einer Wendekehre wandern wir links auf einem grasigen Weg hinter den unterhalb des Wegs gelegenen Häusern entlang. Der anschließende Waldweg fällt etwas ab. Bei einer Gabelung gehen wir nicht geradeaus zu der Waldwiese, sondern leicht links bergab. Wir bewegen uns jetzt oberhalb der Straße von Hetzelsdorf nach Hagenbach, die wir bei einem Felsen mit Kellern erreichen. Auf der Straße gehen wir nur kurz bis zum Waldende weiter. Dort folgen wir links einem ungeteerten Feldweg (Markierung noch immer „Grüner Punkt"), der uns nach Poppendorf bringt. Beim Ortsbeginn laufen wir nach rechts zum Gemeindehaus und zum Brunnen hinunter. Hier geht es links herum und mit dem Zeichen „Grüner Punkt" an einigen Häusern vorbei in die Flur hinaus in Richtung Hagenbach. Dort wandern wir auf der Dorfstraße in die Ortsmitte zum Gasthaus Richter.

Sodann geht es nach links auf der Gemeindestraße in Richtung Pretzfeld bis zur Trubachbrücke. Direkt vor der Brücke führt links unser Weg, jetzt mit dem Zeichen „Blauer Strich auf weißem Grund" an der Trubach entlang. Nach den letzten Häusern wird die kleine Straße zum Schotterweg, dem wir im Tal folgen. Etwa nach 20 Minuten gelangt man zur einer Wegkreuzung, an der verschiedene Wanderwege angezeigt sind. Wir gehen hier nach rechts in den Ort Pretzfeld hinein und folgen dort der Hauptstraße bis kurz vor der Kirche. Noch vor dieser laufen wir links in der Walter-Schottky-Straße am Gasthaus Sonne vorbei bis zur links abzweigenden Bahnhofstraße, die, wie der Name sagt, zum Bahnhof Pretzfeld führt.

Die Biergärten der Wanderung zum Walberla

1. Brauereigaststätte Penning-Zeißler
Brauerei und Gaststätte seit 1820 im Familienbesitz.
Telefon: 0 91 94-2 52
Öffnungszeiten: Ganzjährig geöffnet, der Garten schon ab März. Samstag und Sonntag durchgehend ab 9 Uhr geöffnet. Dienstag ist Ruhetag, im Winter auch der Montag. An den übrigen Tagen wird erst um 17 Uhr aufgemacht.
Lage: Nahe einer nicht sehr befahrenen Ortsstraße. Gepflasterte Terrasse mit Tischen und Stühlen, im rückwärtigen Bereich auch Biergarnituren. Begrünung durch Rosen, Büsche, eine große Kastanie und eine Linde. Sonnige und im Baumbereich schattige Plätze.
Essen und Trinken: Am Sonntag Braten, Schäufele usw. Karpfen in der Saison. Sonst Bratwürste, Schnitzel und gute Brotzeiten aus eigener Schlachtung.
Am Sonntag auch Kuchen und Kaffee.
Dunkles (rotbraunes) Vollbier vom Fass. Im Mai Starkbier.

2. Gasthaus Richter Hagenbach
Telefon: 0 91 94-2 62
Öffnungszeiten: Montag ist Ruhetag. Dienstag bis Freitag ist von 11 Uhr bis 14 Uhr geöffnet (danach nicht mehr an diesen Tagen!). Freitag bis Sonntag ist durchgehend von 11 bis 21 Uhr geöffnet.
Lage: Sehr ruhig auf der von der Ortsstraße abgelegenen Seite zum Trubachtal hin. Befestigte Terrasse neben einer mit Obstbäumen bestandenen Wiese, in der sich Schaukel, Kletterhaus und Rutsche befinden. Überwiegend sonnig, aber auch Schatten unter zwei Obstbäumen. Teils Tische und Stühle, teils Bierbänke. Im Garten Selbstbedienung.
Essen und Trinken: Eigene Metzgerei. Schnitzel, Steaks, gekochtes Rindfleisch, gute Bratwürste. Regelmäßig auch ein vegetarisches Gericht. Sülze und hausgemachte Brotzeiten. Am Dienstag Schlachtschüssel.
Bier von Penning – Zeißler (vgl. oben). Außerdem Wolfshöher Bier.

Gaststätten
ferner in Wiesenthau (unter anderem Gasthaus „Zur Eisenbahn" mit Garten), Leutenbach, Hetzelsdorf (siehe Wegbeschreibung) und Pretzfeld (Gasthaus Herbst, direkt am Bahnhof).
Die Pretzfelder Bierkeller liegen gut 20 Minuten entfernt am Berg.

Zur Friesener Aussichtswarte und nach Buttenheim

Einkehr im Biergarten in Ketschendorf und am Senftenberger Keller

Hirschaid – Seigendorf – Friesener Warte – Ketschendorf – Senftenberg – Gunzendorf – Buttenheim.

Unverdientermaßen ist die Friesener Warte als Wanderziel wenig bekannt, obwohl sie ein großartiger Aussichtsberg ist. Bekannter ist der hinter der weit sichtbaren Wallfahrtskapelle am Senftenberg gelegene große Biergarten, bei dem direkt aus dem Sandsteinkeller des Bergs das gute Kellerbier der Brauerei Sauer aus dem nahen Gunzendorf ausgeschenkt wird. Auf unserer Wanderung verbinden wir diese beiden Ziele miteinan-

Weglänge: 15,5 km.
Gehzeit: 4 ½ Stunden.
Anfangspunkt: Bahnhof Hirschaid. Bahnstrecke 820 Nürnberg-Bamberg-Lichtenfels. Jede Stunde Halt einer Regionalbahn und darüber hinaus stündlich Halt eines Regionalexpresses.
Endpunkt: Bahnhof Buttenheim. Bahnstrecke wie oben. Stündlich Halt einer Regionalbahn.
Gelände: Bei dem Anstieg zur Friesener Warte müssen 250 m Höhenunterschied überwunden werden. Der Anstieg hinter Ketschendorf ist dagegen vergleichsweise harmlos. Nur ein Drittel der Strecke verläuft im Wald. Gute Wanderschuhe sind zu empfehlen.
Karte: Fritsch Wanderkarte Naturpark Fränkische Schweiz Blatt Süd 1:50 000 oder Bamberg/Forchheim vom gleichen Verlag und mit demselben Maßstab.
Empfohlene Jahreszeit: Da der Biergarten in Ketschendorf schon ab März offen hat und der Senftenbergkeller auch im Winter geöffnet ist, empfiehlt es sich, diese Wanderung schon an einem schönen Vorfrühlingstag, etwa an Ostern, zu unternehmen. Der Georgenbräukeller in Buttenheim hat allerdings erst ab 1. Mai geöffnet.
Sehenswertes: *Senftenberg:* Hochgelegene, dem Heiligen Georg geweihte Kirche. An der Empore Gemälde aus der Georgslegende.
Buttenheim: Kirche St. Bartholomäus: Vornehme Fassade mit fürstbischöflichem Wappen (1756) und Terrasse mit Freitreppe. Kirchenbaumeister war der Bamberger Küchel. Im Innern vorzügliche Rokokoausstattung (Altäre, Kanzel, Kreuzwegbilder). Zahlreiche Grabdenkmäler der Reichsfreiherrn von Stibar, darunter ein sehr schönes der Elisabeth von Stibar, das wohl von Tilman Riemenschneider selbst stammt, und weitere aus der Riemenschneiderschule. Außen an der Sakristei das sogenannte Brauthäuschen.
Levi-Strauss-Museum, geöffnet Dienstag und Donnerstag 14 bis 18 Uhr, Samstag und Sonntag 11 bis 17 Uhr.

Im Garten des Gasthauses Kramer

der. Zwischendrin in Ketschendorf können wir noch bestens einkehren.

Vom gut erreichbaren Bahnhof Hirschaid aus müssen wir zunächst den Regnitzgrund bis Seigendorf durchqueren, einem noch recht ursprünglichen Dorf. Zwischen Karfreitag und Ostern schweigen die Kirchenglocken und die Kinder rufen stattdessen mit „Ratschen" zum Gottesdienst. Dann kommt ein kräftiger Anstieg in den Bereich des weißen Jura, der hier in interessanten Querschichtungen zutage tritt. Oben nahe der Friesener Warte wachsen vielstämmige Ahornbäume, im späten Frühjahr ist der Bereich des Kalkschotters ein blühender Steingarten. Von der grasbewachsenen kahlen Hochfläche blicken wir hinunter in den Regnitzgrund und nach Hirschaid. Wir schauen bis nach Bamberg mit der Altenburg und dem Michelsberg und entgegengesetzt zum Walberla und zur Langen Meile (vgl. die Wanderungen 6 und 8). Am Wochenende können wir den Segelfliegern zuschauen, die hier oben ein ideales Gelände haben. Natürlich bleiben wir außerhalb der Absperrung des Fluggeländes. Rechts am Weg zum südlichsten Höhenpunkt sehen wir muldenförmige Vertiefungen. Hier haben die Bauern aus den Dörfern der Umgebung in kleinen Steinbrüchen Kalk geholt.

Es geht dann ziemlich steil bergab nach Ketschendorf. Keinerlei Durchgangsverkehr beeinträchtigt den Gang durch das sympathische Dorf. Nach dem etwas anstrengenden An- und Abstieg und einem bald zweistündigen Marsch können wir im ruhigen Garten der Gastwirtschaft Kramer mit einer feinen hausgemachten Brotzeit, z. B. einem leckeren „Zwetschgenbaames", eine wohlverdiente Stärkung zu uns nehmen. Dann müssen wir nochmals ein Stück zu dem Höhenrücken ansteigen, an dessen vorderster Stelle der Senftenberg liegt. Schon vor der Einkehrstätte kommen wir an alten Sandsteinkellern vorbei. Am Bierkeller sitzt man sehr angenehm zwischen Steilhang auf der einen und Talblick auf der anderen Seite. Beim Weitergehen wandern wir unterhalb der Kirche vorbei. Ihre Lage steil auf einem Bergkegel lässt uns erkennen, dass sie an der Stelle einer früheren Burganlage steht. Die Kapelle, eine alte

Bierausschank aus dem Sandsteinkeller

Wallfahrt, ist dem Reiterheiligen St. Georg gewidmet. An dem Sonntag, der dem Georgstag (23. April) am nächsten liegt, kommen die Reiter der Umgebung mit ihren Pferden hierher. In früheren Zeiten ritt man durch die Kirche.

Die letzte Etappe führt uns dann nach Buttenheim. In Buttenheim gibt es zwei recht bekannte Bierkeller, die wir vor der Heimfahrt besuchen können. Der Löwenbräukeller ähnelt heute einem normalen Gasthaus. Der Georgenbräukeller hat dagegen, was kellertypisch ist, eingeschränkte Öffnungszeiten und meist nur Brotzeiten im Angebot. Auf keinen Fall sollte man einen Besuch der schönen Kirche auslassen. Darüber hinaus kann man in Buttenheim das Levi-Strauss-Museum besuchen, das in der Ortsmitte im Geburtshaus des ersten Jeansherstellers der Welt eingerichtet ist.

Beim Felsenkeller Senftenberg kann man schon im Frühjahr die Sonne und das Bier genießen

BIERGARTENWANDERUNGEN

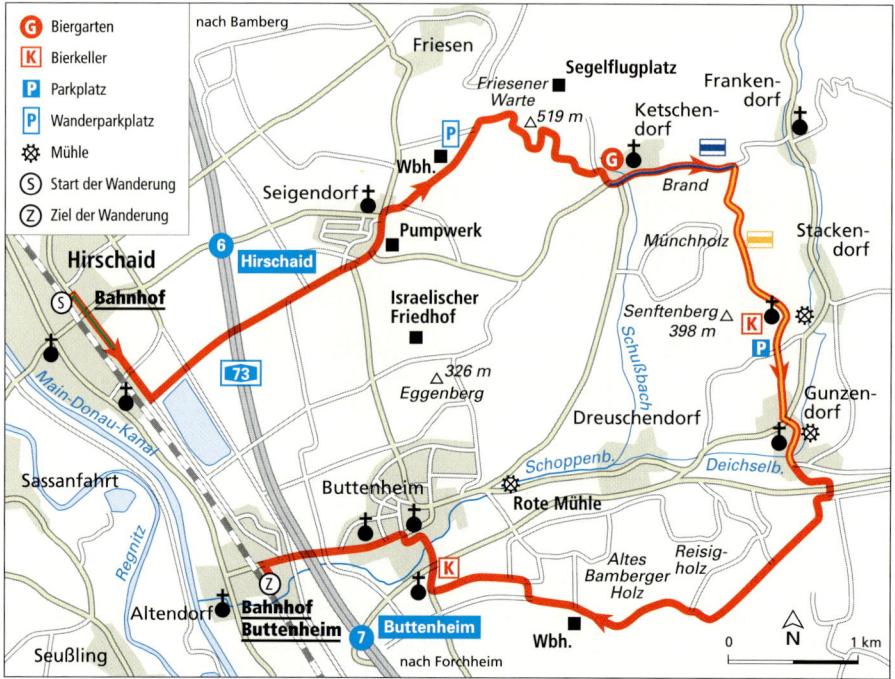

Wegbeschreibung

Direkt am Bahnhof Hirschaid gehen wir zunächst durch die Bahnunterführung zur östlichen Seite des Ortes. Nach der Unterführung laufen wir auf der Heinrichstraße nach rechts neben dem Gleis. An der Straßenkurve gehen wir auf einem Fußweg hinunter zur Straße nach Seigendorf. Um die Autostraße zu vermeiden, folgen wir weiter dem Bahngleis. Wir überqueren deshalb diese Straße und laufen auf einer Treppe empor und auf dem Weg weiter, der parallel neben dem Bahngleis verläuft. Auf diesem bleiben wir etwa 1 km. Wir laufen am Gelände der Firma INA vorbei. Nach dem Firmengelände zweigt links ein unbefestigter Weg ab, dem wir, an einem Baggersee entlang, folgen. Der sandige Pfad führt zu einer kleinen Straße. Hier gehen wir geradeaus, jetzt auf einer Teerstraße, am Firmengelände von Möbel – Neubert vorbei. Auch bei einer weiteren Querstraße behalten wir unsere Richtung bei. Ein schmales geteertes Sträßchen führt uns dann über die A 73 hinweg. Die Friesener Warte, unser Ziel, sehen wir vor uns. Immer geradeaus gelangen wir zum Ortsanfang von Seigendorf. Wir folgen der Hauptstraße des Ortes. Der Straße Richtung Ketschendorf folgen wir nicht, sondern gehen geradeaus und steigen zur Kirche empor. Die Straßenkehre können wir dort mit einem Fußweg rechts abschneiden. Vorübergehend haben wir hier eine Markierung „weiß-blau-weiß". Links mündet dann die Straße von Hirschaid ein. Kurz danach sehen wir rechts die Pizzeria Jesolo. Direkt vor dieser Gastwirtschaft führt rechts eine schmale Straße zwischen Gebäuden in die Flur hinaus. Hier gehen wir bis zur nächsten Weggabelung. Dort folgen wir der kleinen Straße links (der rechte markierte Weg führt direkt nach Ketschendorf). Wir wandern bergauf bis zu einem Gartengelände. Bei diesem laufen wir geradeaus weiter den Berg hinauf. Bei einer Bank endet der geteerte Weg, wir folgen nun dem Waldweg geradeaus. Bei der nächsten Weggabelung im Wald laufen wir links. In einem Hohlweg schraubt sich unser Weg empor bis zu einer von rechts kommenden Waldstraße, die hier mit einer Wendekehre endet. Wir steigen geradeaus weiter. Bei der nächsten Weggabelung, etwa 100 m nach der Waldstraße, gehen wir wieder links. Nach einem weiteren ziemlich steilen Stück wird unser Weg zum Pfad. Dieser trennt sich in zwei Äste, wir folgen dem rechten durch Büsche hindurch und gelangen bereits zu den Felsen mit weißem Juragestein an der Friesener Warte. Wir gehen geradeaus durch Schotter weiter, bis wir auf der begrasten Hochfläche der Friesener Warte stehen.

Zum Weiterweg laufen wir nunmehr in südlicher Richtung am Rand des Hochplateaus entlang. Die Absperrung des Fluggeländes dürfen wir nicht überschreiten. Auf diese Weise gelangen wir bis zum südlichsten Punkt der Hochfläche, wo wir noch einmal eine schöne Aussicht genießen können. Hier machen wir nun eine Kehre von etwa 300° und gehen in nördlicher Richtung, jetzt auf der anderen Seite des Fluggeländes, an der Absperrung des Flugplatzes weiter. Rechts ist Wald und Buschwerk. Nach 130 Schritten weicht rechts der Wald in einer kleinen Einbuchtung etwas zurück. Hier steht ein großer Wacholderbusch auf der kleinen Wiese. An dieser Stelle gehen wir rechts auf einem Trampelpfad über das Gras an dem Wacholder vorbei in Richtung Wald und gelangen nach wenigen Metern auf einen schwach ausgeprägten grasbewachsenen Weg, dem wir nochmals nach rechts folgen. Der Weg verläuft jetzt wieder in südlicher Richtung. Wir sind also eine Art S-Kurve gegangen. Der Weg führt sodann leicht bergab und wird mit der Zeit besser, allerdings auch steiler. Er kann stellenweise etwas rutschig sein. Man gelangt im Hohlweg bergab zu einer Wiese und dann zu einem geteerten Weg, auf dem wir nach rechts zur Straße hingehen, die von Seigendorf kommt. Nach links führt uns die Straße in den Ort Ketschendorf. Gleich bei der ersten Ortsstraße links gelangen wir zur Gastwirtschaft Kramer. Vom Gasthaus aus gehen wir zurück zur unteren Ortsstraße. Hier halten wir uns links, laufen also in Verlängerung der Straße weiter, auf der wir ankamen. Der Weg steigt nach dem Dorf an. Er ist „weiß-blau-weiß" markiert. Wir gelangen nach etwa 10 bis 15 Minuten zu einer Art Passhöhe. Hier geht es rechts Richtung Senftenberg. Ein Wegweiser zeigt den Weg an. Der Weg ist „weiß-rot-weiß" markiert (Albrandweg). Wir wandern erst an einer Wiese entlang, dann durch Wald. Bei einer weiteren Wiese geht der Hauptweg rechts hinunter. Wir bleiben

In Buttenheim kommt man am Georgenbräukeller vorbei

oben auf dem grasigen Pfad, der die Wiese überquert. Man gelangt dann wieder zum Wald. Hier geht es auf nun kräftiger ausgeprägtem Weg an schönen Sandsteinkellern vorbei bergab bis zum Senftenberg- Bierkeller.
Nach dem Verlassen des Kellers laufen wir geradeaus weiter. Es geht unterhalb der Kirche zu zwei Häusern hin und dann auf der geteerten Straße ein Stück bergab. Wir gelangen zu Kreuzwegstationen und traben links auf dem Fußweg bei diesen hinunter. Unten kommen wir wieder auf eine kleine Straße und zu einer Straßenkreuzung. Wir laufen geradeaus zum Ort Gunzendorf. Eine größere Straße wird überquert. Hier geht es leicht nach links (Wegweiser: Ortsmitte). Nach einer Rechtskurve gelangen wir zur Kirche. Wir laufen auf der „Jurastraße" durchs Dorf bis zum Bach und überqueren diesen. Nach der Gastwirtschaft Sauer biegen wir rechts in die Straße „Zum Schießberg" ein. Nach dem Ende der Bebauung geht die Straße ungeteert als Fußweg weiter. Wir kommen zur Ortsumgehungsstraße und laufen ein Stück weit nach links bis zu einer Brücke über die Straße. Nach deren Überquerung halten wir uns rechts. Nach etwa 100 m geht es rechtwinklig nach links. Der bisher geteerte Weg wird zum Betonplattenweg. Nach einer riesigen Linde schwenkt der Weg nach rechts. Wo der Plattenweg dann wieder nach links geht, wandern wir geradeaus direkt auf den Wald zu. Am Waldrand laufen wir nur ein paar Schritte nach rechts und dann links in den Wald hinein. Nach etwa zehn Minuten im Wald führt unser Weg bei einer freistehenden Fichte nach rechts hinunter. Die Richtung nach Westen beibehaltend gelangen wir zum Waldende. Auch hier wandern wir in der bisherigen Richtung weiter, bis wir etwa nach einem km auf die Straße von Unterstürmig nach Buttenheim stoßen. Auf dieser gehen wir nach rechts bis zur südlichen Umgehungsstraße von Buttenheim. Links befindet sich der Löwenbräukeller, rechts der Georgenbräukeller.
Für den Weiterweg zum Bahnhof, für den wir noch 25 – 30 Minuten brauchen, überqueren wir die Umgehungsstraße und laufen dann weiter geradeaus bis zur Ortsmitte bei der Kirche. Hier geht es rechtwinklig nach links und auf der nach Altendorf führenden Straße über die A 73 hinweg bis zum Bahngleis, wo sich linkerhand der Bahnhof befindet.

Die Biergärten und Bierkeller der Wanderung zur Friesener Warte

1. Gasthaus Kramer Ketschendorf
Die Gaststätte ist seit 1867 im Familienbesitz.
Telefon: 0 95 45-74 32
Öffnungszeiten: Ganzjährig vom Morgen bis zum Abend geöffnet, der Garten schon ab März/April. Montag ist Ruhetag. Außerdem auch <u>nach</u> Pfingsten sowie an Allerheiligen und Weihnachten geschlossen.
Im Jahr 2003 kann sich eine Änderung der Öffnungszeiten ergeben, eventuell anrufen!
Lage: Sehr ruhige Ortslage. Biergarten hinter dem Haus terrassenförmig mit Natursteinmauern angelegt. Tische und Stühle. Sonnige und, unter alten Linden, Robinien und einer Trauerweide, schattige Plätze. Rückwärtig ein Fachwerknebengebäude. Im Garten Selbstbedienung.
Essen und Trinken: Warmes Essen nur zur Kirchweih an Pfingsten. Sonst sehr gute Brotzeiten, zum Teil aus der Schlachtung eigener Rinder. Berühmt sind der selbstgemachte Zwetschgenbaames, der rohe Schinken und das Kaiserfleisch. Der Ziebeleskäse wird von einer Familie im Dorf hergestellt. Selbstgebackenes Brot.
Bier (Vollbier, Pils, Kellerbier, Weizen) vom St. Georgenbräu Buttenheim.
Im allgemeinen auch selbstgebackene Kuchen, z. B. guter Streuselkuchen.

2. Felsenkeller Senftenberg
Telefon: 0 95 45-7 06 93
Öffnungszeiten: Im Winter (Oktober bis April) an Samstagen ab 14 Uhr, an Sonn- und Feiertagen ab 13. 30 Uhr geöffnet. Im Sommer (1. Mai bis Ende September) an Samstagen, Sonn- und Feiertagen ab 13 Uhr, an den übrigen Tagen, sofern das Wetter nicht zu schlecht ist, ab 15.30 Uhr offen.
Lage: Sehr ruhig in schöner Hanglage mit Aussicht zum Schießberg. 500 überwiegend schattige Plätze unter altem Laubbaumbestand. Teils Biergarnituren, teils feste Bänke und Tische. Getränke sind am Sandsteinkeller zu holen, Essen und Kaffee am Kellerhaus. Im Hangwald gute Spielmöglichkeiten für Kinder.
Essen und Trinken: Kellerbrotzeiten aller Art, etwa Wurst, Schinken Ziebeleskäse und Obatzter. Selbstgebackenes Brot. Am Wochenende auch Bratwürste sowie Kaffee und Kuchen.
Kellerbier der Brauerei Sauer Gunzendorf vom Fass.

3. Georgenbräukeller Buttenheim
Telefon: 0 95 45-95 01 60
Öffnungszeiten: 1. Mai bis 30. September täglich ab 15 Uhr (bei schönem Wetter).
Lage: Ziemlich ruhig gelegen, leichte Hanglage mit Blick in den Regnitzgrund.
Sonnige und schattige Plätze (unter alten Linden und Kastanien). Bänke mit Lehne. Überdachte Plätze in der ehemaligen Kegelbahn. Gut ausgestatteter Kinderspielplatz.
Essen und Trinken: Kellerbrotzeiten jeder Art. St. Georgenbräu Kellerbier (hefetrüb) vom Fass im Steinkrug.

Gaststätten
ferner in Hirschaid (an der Autobahn auch ein Bierkeller, nicht direkt an der Wanderroute gelegen), Seigendorf, Gunzendorf (außer der Brauerei Sauer noch die Gaststätte Fleischmann mit Löwenbräubier Buttenheim, meist nur am Sonntag geöffnet) und Buttenheim.

Das besondere Thema: Bierkeller in Franken

Nur vereinzelt treffen wir auf Bierkeller in Mittel- und Unterfranken. Das westliche Oberfranken hingegen ist Bierkellerland, zwar nicht mehr in dem Umfang wie im 19. Jahrhundert, aber immer noch in erfreulichem Ausmaß. Die Entstehung der Bierkeller ergab sich zunächst aus praktischen Bedürfnissen. Ab Beginn des 19. Jahrhunderts wurde das frühere Volksgetränk Wein mehr und mehr durch das Bier ersetzt. Dies bedingte erhebliche Kapazitäten zur Lagerung der Bierfässer, wofür in den Kellern der Braustätten häufig nicht ausreichend Platz vorhanden war. Wegen der Verderblichkeit des Gerstensaftes war es nötig, für eine kühle Lagerung im Sommer zu sorgen. Dass es im Berginneren kühl ist, war bekannt. So grub man an geeigneten Stellen Keller in die Erde. Besonders geeignet war hängiges Gelände, ideal war Buntsandstein, da dieser verhältnismäßig leicht zu bearbeiten ist und man im Fels auch nicht Gewölbe errichten musste. Das Hinbringen der Fässer mit Pferdewagen war mühsam genug, so suchte man Möglichkeiten den Rücktransport zu vermeiden. Daher hat es sich angeboten, das Bier an der Lagerstelle unmittelbar dem Verbrauch zuzuführen. In den Dörfern holten oft Kinder in 2 l–Krügen das Bier direkt am Keller (häufig handelte es sich dabei um Bier, das Gemeindebürger, die selbst brauen durften, dort lagerten). Das gewerblich gebraute Bier wurde dann zunehmend „auf den Kellern" direkt ausgeschenkt. Das

Nützliche hat sich so mit dem Angenehmen verbunden. Für den Brauer war es im Sommer die einfachste Art der Vermarktung und für den Bauern und Bürger ergab sich ein Feierabend- und Sonntagsvergnügen in der frischen Luft. Der Bierkellerbetreiber musste natürlich auch etwas tun, um den Besuch attraktiv zu machen. Sitzmöglichkeiten gab es anfangs auf Steinbänken in den allerdings nur etwa 8 ° warmen Kellergängen. Da dies doch etwas kühl war, errichtete man im Freien Holzbänke und Tische, an denen man auch eine Brotzeit verzehren konnte, die man mitbrachte oder vom Kellerwirt erwarb. Pavillons zum Schutz vor Regen, manchmal auch für die Musikkapelle, wurden gebaut. Teilweise wurden auch über den Lagerkellern oder in ihrer Nähe Kellerhäuser aus Stein errichtet. Nicht selten entstanden Kegelbahnen, die zu längerem Verweilen einluden. Um nicht nur das Bier in den Kellern vor der Wärme zu bewahren, sondern auch die Biertrinker vor der Hitze zu schützen, wurden Bäume angepflanzt.

Bierkeller wurden so zu wichtigen Orten der Geselligkeit. Dorfbewohner hatten ein Ziel für Unterhaltung und Informationsaustausch. Doch auch für die Städter wurde der Ausflug zum Keller ein Volkssport. Bamberg hatte in der Mitte des 19. Jahrhundert einen Höchststand von 63 Bierkellern. Diese waren auch damals schon das Ziel sorgfältig geplanter Wanderungen. Wir können es heute noch unseren Vorfahren nachmachen, auch wenn die Zahl der Keller viel geringer geworden ist. Die seinerzeit gepflanzten Bäumchen sehen wir heute als riesige Baumgestalten. Wir werden die alten Fachwerkkellerhäuser bewundern. Manchmal gewährt uns ein freundlicher Kellerwirt einen Blick in die alten Sandsteinkeller. Wenn das Bier am Keller noch aus der Brauerei des Dorfs stammt, können wir uns in die „gute alte Zeit" zurückversetzt fühlen.

Für Kellerneulinge sollen noch ein paar fränkische Begriffe erläutert werden: Ein „*Seidla*" ist ein halber Liter Bier. Ein „*Schnitt*" (oder „*Schnittla*") ist die reichlich eingeschenkte halbe Grundmenge, also bei einem „*Seidla*" reichlich ½-Liter. Wenn die Grundmenge eine „Maß" ist, so beträgt der „Schnitt" gut einen halben Liter. Ein „*Zwetschgenbaames*" ist ein luftgetrockneter dünngeschnittener Rinderschinken. Der Name ist vom Zwetschgenbaum abgeleitet, dessen Holz in etwa die Farbe des Schinkens hat. Ein „Ziebeleskäse" ist eine Art würziger Hüttenkäse, nur wesentlich besser. Wenn er richtig gemacht wird, ist dies eine recht lange Prozedur, für die man Milch im Naturzustand benötigt. Und zum Abschied sagt man in Franken „*ade*" (mit Betonung auf der zweiten Silbe).

Beim Gasthaus Fleischmann wird der Biervorrat ergänzt

BIERGARTENWANDERUNGEN

⑧

Zu urtümlichen Bierkellern an der Langen Meile und zur Vexierkapelle

Ebermannstadt – Niedermirsberg – Lange Meile – Schwarzer Keller – Vexierkapelle – Reifenberger Keller – Pretzfeld.

Weglänge: 16 km.
Gehzeit: 4 ¾ Stunden.
Anfangspunkt: Bahnhof Ebermannstadt Bahnstrecke 821 Forchheim – Ebermannstadt. Stündliche Zugverbindung. Gute Anschlüsse in Forchheim bei Anfahrt von Nürnberg bzw. Bamberg. Verkehrsverbund Nürnberg.
Endpunkt: Bahnhof Pretzfeld. Bahnstrecke wie oben. Stündliche Verbindung, lediglich ein Zug am frühen Nachmittag entfällt. Verkehrsverbund Nürnberg.
Gelände: Hinter Niedermirsberg und nach dem Schwarzen Keller jeweils ein Anstieg über 150 Höhenmeter. Je zur Hälfte Wald und offenes Gelände. Im Bereich des Auf- und Abstiegs beim Schwarzen Keller braucht man etwas Orientierungssinn. Gute Wanderschuhe sind zu empfehlen.
Karte: Appelt Wanderkarte Innere Fränkische Schweiz 1: 35 000 oder Fritsch Wanderkarte Naturpark Fränkische Schweiz Blatt Süd 1:50 000.
Empfohlene Jahreszeit: Nicht an sehr heißen Tagen. Zum Besuch der Keller kommt nur die Zeit von Anfang Mai bis Anfang September in Betracht und auch nur das Wochenende.
Am Reifenberger Keller ist am 2. Sonntag im August Feuerwehrfest und am 2. Oktobersonntag Kirchweih.
Sehenswertes: *Ebermannstadt*: Hübsches Städtchen am Eingang in die Fränkische Schweiz. In der Marienkapelle Madonna im Strahlenkranz von Friedrich Theiler.
Pretzfeld: siehe oben bei Wanderung 6!

Bei der Anfahrt im Zug auf der Nebenbahn nach Ebermannstadt sehen wir, wenn wir auf der linken Seite hinaussehen, von Kirchehrenbach an einen bewaldeten Höhenzug. Es ist dies die „Lange Meile", ein Höhenrücken, der sich westlich des Wiesenttals auf eine Länge von mehr als 10 km bis Forchheim hinzieht. Auf ihm befindet sich die Fliegerschule Feuerstein. Ganz in deren Nähe kommen wir bei der Wanderung vorbei. Oben am Berg sehen wir bei der Anfahrt auch eine Kapelle. Wir erblicken sie schon von Süden bei Kirchehrenbach und sehen sie immer noch kurz vor Ebermannstadt aus nordöstlicher Richtung. Sie scheint sich, von wo aus man sie auch betrachtet, nicht zu verändern. Daher trägt sie den Namen „Vexierkapelle" (Vexieren = Veralbern, Foppen!).

Unterhalb der Kapelle sehen wir vom Zug aus auch das hochgelegene Dorf Reifenberg. In einer Waldschlucht hinter dem Dorf befindet sich einer der beiden urtümlichen Keller, die wir

Der „Schwarze Keller" bei Weigelshofen

besuchen wollen. Der andere liegt einsam am Waldhang nördlich der Langen Meile. Er gehört zu der Brauerei in Weigelshofen, ist allerdings vom Dorf fast 2 km entfernt. Beide Keller entsprechen noch dem Erscheinungsbild der alten fränkischen Dorfkeller. Diese waren ja reine Sommerkeller. Bei schlechtem Wetter und im Winter ging man ins örtliche Wirtshaus.

Ein Schutz gegen Regen war an sich nicht notwendig. Die Kellerhäuser, soweit solche vorhanden waren, dienten der Aufbewahrung der notwendigen Utensilien für den Kellerbetrieb. Nur vereinzelt gab es innen einen Raum, in dem man bei schlechtem Wetter Unterschlupf finden konnte. Aufgemacht wurde gegen Abend nach getaner Arbeit. Nur am Sonntag wurde schon mal bei schönem Wetter auch zum Frühschoppen geöffnet. Warmes Mittagessen gab es am Keller sowieso nicht. Man aß zuhause oder bestellte sich eine Brotzeit, z. B. einen Presssack. Selbstverständlich konnte man sich seine eigene Brotzeit auch mitbringen (was heute immer noch möglich ist).

Viele der alten Bierkeller hatten noch vor oder nach dem zweiten Weltkrieg ihre Pforten geschlossen. In den Jahren nach 1980 haben nicht wenige von ihnen wieder neu aufgemacht. Dabei ergaben sich teilweise einschneidende Veränderungen. Radler, Wanderer, Autofahrer aus der Stadt verlangten auch zu Mittag warmes Essen, sodass manche Keller sich zu normalen Gartenwirtschaften mit umfangreicher Speisekarte entwickelt

*Blick vom Keller
ins weite Land*

haben. Eine solche Erweiterung des Angebots war notwendig, wenn man aus dem Wirtschaftsbetrieb seinen ausschließlichen Lebensunterhalt verdienen wollte. Zumeist wurden die Keller ja auch nicht mehr von der örtlichen Brauereigastwirtschaft mitbetrieben, sondern wurden verpachtet. Je mehr sich der Kellerbetrieb dem einer normalen Gastwirtschaft annäherte, desto mehr bestand die Notwendigkeit, auch Plätze im Inneren der Kellerhäuser zur Verfügung zu stellen, sodass Galerien in diesen entstanden oder gleich ein beheizbarer Neubau errichtet wurde und so die Öffnungszeit über das ganze Jahr erstreckt werden konnte.

Die beiden Keller auf unserer Wandertour entsprechen noch dem Typus der Bierkeller, wie sie bei unseren Vorfahren üblich waren. Dies müssen wir bei der Wanderplanung berücksichtigen. Während der Woche, am Wochenende in der Zeit bis 13 oder 14 Uhr und wahrscheinlich immer bei kaltem oder regnerischem Wetter, würden wir vor verschlossenen Türen stehen. Wenn man kein Risiko eingehen will, ruft man morgens an. Wir brauchen bei dieser Tour auch nicht besonders früh loszumarschieren. Wenn wir mit dem Zug um 11 Uhr in Ebermannstadt ankommen, werden wir zur Öffnung des „Schwarzen Kellers" in etwa richtig ankommen. Ein warmes Mittagessen werden wir nicht erhalten, was aber kein Nachteil zu sein braucht. Mit einem guten Bier, direkt aus den in den Berg gegrabenen Sandsteinkellern gezapft, einer ordentlichen Brotzeit und vielleicht einem hausgebackenen Kuchen werden wir mindestens genauso glücklich sein. Bei schlechterem Wetter sollten wir diese Tour nicht unternehmen. Einen Regenschutz für den Fall eines unerwarteten Sommergewitters hat man als

Wanderer sowieso dabei. Wenn so alles gut geklappt hat, werden wir zufrieden in Pretzfeld die Wanderung beenden und mit der Hoffnung nachhause zurückfahren, dass derartige urtümliche schöne Bierkeller unverändert noch lange Bestand haben.

Zum Schluss noch ein Tipp für Wanderer, die gerne ein Fest besuchen: Mitte Juli findet sechs Tage lang im Wald oberhalb von Pretzfeld das vielbesuchte schöne Kirschenfest statt. Man feiert in einer Art Kellergasse bei alten Sandsteinkellern (Information unter www. pretzfeld. de oder auch bei dem Kellerwirt unter 0 91 94-89 78). Zum Festplatz benötigt man ab Pretzfeld noch 20 bis 25 Minuten. Man geht bis zu der prächtigen Kirche, dann links in der Ebermannstadter Straße bis zum großen Parkplatz und dort rechts den Berg zu den Kellern hinauf.

Kellerstimmung

Wegbeschreibung

Vom Bahnhof Ebermannstadt geht es an der Bahnhofsgaststätte vorbei in Richtung Innenstadt. Wir kommen zu der Straßenbrücke über die Wiesent. Nach der Brücke geht gleich links ein Fußweg am Fluss entlang, dem wir folgen. Immer in der Nähe der Wiesent gehend erreichen wir eine weitere Brücke bei dem alten Scheunenviertel (sehenswert!). Wir laufen nach links über die Brücke und dann gleich wieder rechts auf einem Fußweg am Fluss entlang. Nochmals führt eine Holzbrücke über die Wiesent und wir erreichen die Ortsdurchfahrt der B 470. Diese überqueren wir und gehen geradeaus in der Feuerbachstraße weiter (Wegweiser „Flugplatz: Feuerstein"). Wir laufen bergauf an einer Metzgerei und einer Telefonzelle vorbei, bis links der Mittelschulweg abzweigt. Wir folgen diesem, gehen aber gleich wieder links in die Von- Ketteler-Straße. Wir sehen die Markierungszeichen „Roter Ring" und „Gelbe Raute". Letztere Markierung begleitet uns bis zur „Langen Meile". Die Fortsetzung der Ketteler-Straße ist die Schlegelleithe.

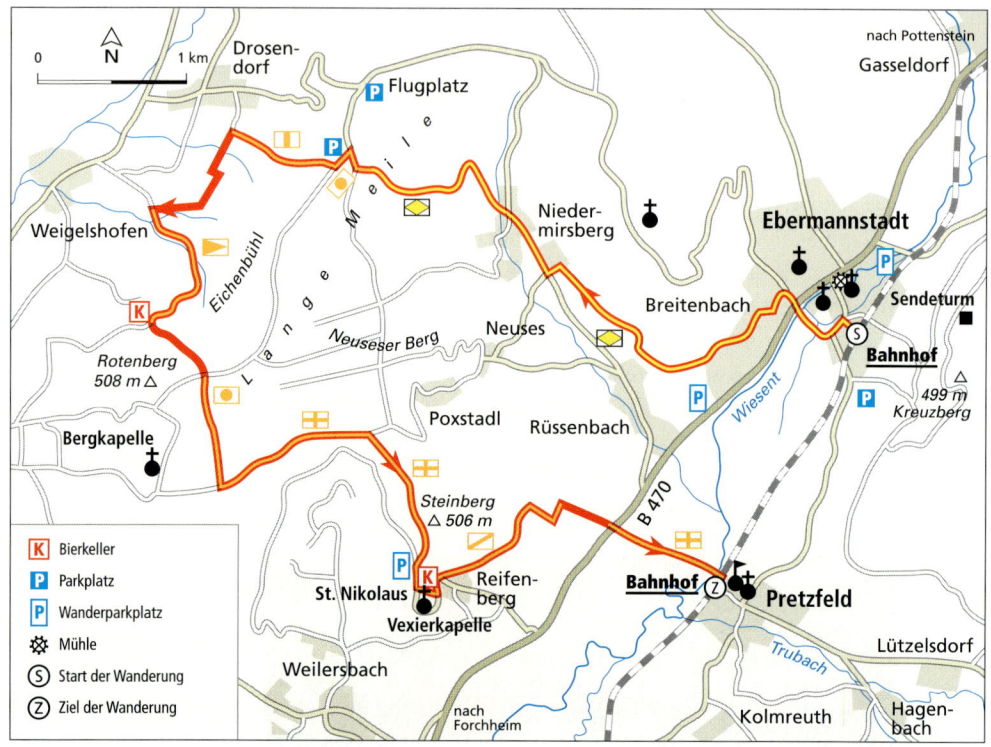

Weiter geht es dann in der Danziger Straße und in der Breslauer Straße, zuletzt etwas ansteigend. Nach dem Ende der Bebauung wandern wir auf einem Feldweg durch Obstbaumgelände. Wir folgen dem Wegweiser nach Niedermirsberg und zur Fränkischen Fliegerschule. Es geht dann ein Stück bergab. Dort müssen wir aufpassen: An einem Leitungsmast ist das Markierungszeichen „Gelbe Raute" angebracht. Hier müssen wir scharf nach rechts auf einem grasigen Weg hinaufsteigen. Dann geht es bald nach links und an einem Weidezaun entlang. Bei Nussbäumen wird der Weg wieder besser. Nach einem Schuppen ist der Weg dann geschottert. Am Anfang von Niedermirsberg geht es links zur Straße hinunter. Wir halten uns hier rechts und durchschreiten das ganze Dorf.

Beim Ortsende folgen wir weiterhin der Markierung „Gelbe Raute" und gehen in einem Bachgrund auf einer kleinen Straße bergauf. Ein Wegweiser zeigt an: " Zu den Markierungen an der Langen Meile". Wir folgen dem gepflasterten Weg, bis bei einer Wiese unsere Straße zwei Kurven macht. Bei der zweiten Kehre verlassen wir die Straße nach links und gehen mit der „Gelben Raute" weiterhin bergauf. Uns bietet sich hier ein schöner Blick zur Jugendburg Feuerstein. Oben geht es zunächst in Waldnähe weiter, dann vom Wald weg über Felder. Unser Weg vereinigt sich mit einem von rechts kommenden ebenfalls markierten Weg. Man gelangt zu einer Wegkreuzung mit mehreren Wegweisern. An dieser gehen wir in nördlicher Richtung auf einer kleinen Straße in Richtung Flugplatz Feuerstein. Dieser schmalen Straße folgen wir jedoch nicht bis zum Flugplatz, sondern nur ein kleines Stück weit, bis scharf nach links ein schwach ausgetretener Weg in südwestliche Richtung mit der Markierung „Roter Punkt" abbiegt. Diesem folgen wir. An der Abzweigung ist ein altes Schild mit der Aufschrift „Zum Schwarzen Keller" zu sehen. Nach etwa 130 m geht ein Weg mit der Markierung „Roter Strich auf weißem Feld" nach rechts. Hier steht ein Wegweiser „Gunzendorf – Friesener Warte". Diesem Wegweiser und der Rotstrich-Markierung folgend laufen wir im Wald zunächst steil und dann flacher bergab. Am Waldende haben wir einen schönen Blick zur Senftenbergkapelle. Unser Weg führt zu einem befestigten Flurbereinigungsweg. Wir halten uns auf diesem nach links und laufen geradeaus bis zu einem Wäldchen. Dort geht es kurz links bergauf und dann im Wald eben weiter. Nach dem kleinen Wald laufen wir nicht links bergauf, sondern geradeaus auf einem Grasweg oberhalb einer Wiese entlang. Links befindet sich ein verwilderter Kirschgarten. Wir stoßen auf Buschwerk und wandern nach rechts ohne richtigen Weg an einer Hecke entlang längs der Wiese hinunter. Kurz vor dem unteren Ende der Wiese geht zwischen Büschen links ein Pfad in das Wäldchen hinein. Diesem Weglein, das langsam besser wird, folgen wir bis zu der kleinen Straße, die von Weigelshofen herkommt. Hier gehen wir scharf nach links und erreichen auf dieser Straße mit der Markierung „Rotes Dreieck" in etwa 20 Minuten den „Schwarzen Keller" .

Zum Weiterweg laufen wir direkt bei dem Sandsteinkeller, an dem das Bier ausgeschenkt wird, über einige Stufen zur Waldstraße, auf der wir gekommen sind, hoch. Auf dieser gehen wir für ungefähr 20 m nach links. Wir sehen dann rechts einen Hohlweg, der im Wald emporsteigt. Diesem folgen wir. Der kleine Waldweg führt ziemlich steil bergan zu einer geschotterten Waldstraße. Auf dieser laufen wir weiter bergauf. Die Schotterstraße wird oben dann ziemlich eben. An der Stelle, wo die steile Steigung endet, geht ein Waldweg nach rechts, dem wir uns anvertrauen. Nach einem kleinen Wegstück kommt eine Gabelung. Hier halten wir uns links und laufen parallel zu der noch sichtbaren Waldstraße. Von dieser kommt noch einmal ein Verbindungsweg her. Unser Waldpfad wird hier besser und führt nun leicht nach rechts schräg in stetiger Steigung bergauf, bis wir oben direkt bei einem Hochspannungsmast wieder auf der „ Langen Meile" ankommen. Ein paar Schritte nach dem Mast kommen wir auf einen markierten Querweg (Rotstrichmarkierung), den wir geradeaus,

Am Reifenberger Keller wird das Bier direkt aus dem Lagerkeller gezapft

also in südlicher Richtung, <u>überqueren</u>. Der grasige Weg ist teilweise etwas zugewachsen. Wir gehen in nächster Nähe der Hochspannungsleitung. Der Weg wird dann wieder besser und die Markierung „Roter Punkt" taucht auf. Dieser folgen wir. Der jetzt befestigte Weg schwenkt leicht nach rechts und geht unter der Leitung hindurch und führt in einer Art Waldschneise weiter. Etwa 10 Minuten nach dieser Stelle stoßen wir auf eine rechtwinklig zu unserem Weg verlaufende, gut ausgebaute Waldstraße. Hier halten wir uns links und laufen auf dieser zunächst ohne Markierung und dann mit dem Zeichen „Rotes Kreuz" weiter. Etwa zehn Minuten nach dem Ende des Waldes wandern wir nach rechts, weiterhin der Markierung „Rotes Kreuz" folgend. Ein Wegweiser zeigt hier nach der Vexierkapelle. Unser Pfad führt an oben an einem Hang entlang. Ein Weg mit der Markierung „Grünes Dreieck" kommt hinzu. Dann kommt eine Schranke. Hier wird der Weg zur Straße. An der Kurve bei einer Bank kann man den Fußpfad als Abkürzungsweg wählen. Man kommt dann wieder auf die Straße und zu einem Wanderparkplatz. Hier machen wir einen kurzen Abstecher zur Vexierkapelle mit schöner Aussicht. Dann gehen wir zum Wanderparkplatz zurück und, von der Kapelle her kommend, scharf rechts in einer Schlucht auf ungeteertem Weg zum Reifenberger Keller hinunter.

Vom Keller gehen wir weiter zum Dorf hinab. Wir laufen durch das Dorf am Feuerwehrhaus vorbei. Zweimal führen Dorfstraßen rechts bergab. Wir bleiben jeweils auf der oberen Straße und haben weiter die Markierung „Rotes Kreuz" als Begleiter, außerdem auch das Wegzeichen „Roter Schrägstrich". Nach dem Dorf geht es eben auf schönem Hangweg weiter. Bei einer Bank gehen wir nicht hinunter, sondern bleiben oben und folgen den markierten Wegen, die nochmals etwas zum Wald hin ansteigen. Nach einer Waldecke geht es rechts bergab. Dort trennen sich die Markierungen. Die für uns richtige „Rotkreuz" – Markierung führt hinunter zur B 470. Wir überqueren die Bundesstraße und laufen auf der Straße Richtung Pretzfeld. Wenn uns die Autos lästig sind, können wir etwa nach 400 m links auf einen Feldweg unterhalb der Straße ausweichen. Nach der Brücke über die Wiesent und nach Überquerung der Bahnstrecke gehen wir auf der Dorfstraße bis zur Schlossmauer und laufen dann nach rechts zum Bahnhof.

Die Bierkeller der Wanderung über die Lange Meile

1. Schwarzer Keller Weigelshofen
Alter Bierlagerkeller, der seit 1856 besteht. Bierausschank aus dem 36 m langen Sandsteinkeller. Der Name „Schwarzer Keller" kommt von dem „schwarzen" Wald, vor dem der Keller (vom Dorf her gesehen) liegt.
Telefon: 0 95 45-41 96

Öffnungszeiten: Von Mitte/Ende April, auf jeden Fall ab 1. Mai, bis Ende August, evtl. auch bis Mitte September. Samstags ab 14 Uhr, sonntags ab 13 Uhr. Am 1. Mai, an Christi Himmelfahrt und Pfingsten ab 11 Uhr geöffnet. Wenn es früh regnerisch ist, öffnet der Keller nicht. Bei unsicherer Wetterlage empfiehlt es sich anzurufen.
Lage: Sehr ruhig, hübsche Lage am Wald unterhalb der „Langen Meile". Weit und breit keine Autos. Aussicht in das Tal von Weigelshofen und zum Schießberg. Sonnige Plätze auf einer Wiese unterhalb des Kellerhauses und schattige Plätze unter alten Laubbäumen. Auf der Wiese und im Wald viel Platz zum Spielen für die Kinder.
Essen und Trinken: Brotzeiten, Ziebeleskäse. Gelegentlich bei schönem Wetter Grillgerichte (Heringe, Makrelen). Gute selbstgemachte Kuchen. Naturtrübes unfiltriertes (dunkles) Kellerbier der Brauerei Pfister Weigelshofen vom Fass.
Schnäpse aus Weigelshofen.

2. Reifenberger Keller

Seit etwa 200 Jahren bestehender Keller unterhalb der Vexierkapelle.
Telefon: 0 91 94-14 08 oder 0171-7 21 98 76.
Öffnungszeiten: Vom 1. Mai bis September bei schönem Wetter (im Zweifelsfall anrufen!). Auch zur Kirchweih am 2. Oktobersonntag wird nochmals aufgemacht. Montag bis Freitag ab 16 Uhr, an Samstagen ab 14 Uhr, an Sonntagen ab 13 Uhr, an Feiertagen ab 10 Uhr geöffnet.
Lage: Sehr ruhig und autofrei oberhalb des Dorfes Reifenberg in einer Sandsteinschlucht, doch mit Aussicht ins Wiesenttal. Hauptsächlich schattige Plätze unter alten Linden. Kleiner Pavillon und Holzhütte für 40 Personen. Kinder können klettern und an einem kleinen Spielplatz sich die Zeit vertreiben.
Essen und Trinken: Kellerbrotzeiten. Freitags Heringe und Makrelen vom Grill.
Bier („Pils") von der Brauerei Greif Forchheim in Maß- und Seidlakrügen. Bierausschank aus dem Lagerkeller. Schnäpse aus Weilersbach.

Gaststätten

ferner in Ebermannstadt (z. B. Biergarten der Schwanenbrauerei und Nitschekeller, beide nicht an der Wanderroute gelegen), Niedermirsberg, Fliegerschule Feuerstein, Reifenberg und Pretzfeld (z. B. Gaststätte Herbst am Bahnhof und Pretzfelder Bierkeller, ca. 20 – 25 Minuten entfernt).

BIERGARTENWANDERUNGEN

9 Im Herzen der Fränkischen Schweiz

Einkehr im Maihof in Köttweinsdorf

Behringersmühle – Forsthaus Schweigelberg – Weiße Marter – Köttweinsdorf – Doos – Riesenburg – Engelhardsberg – Adlerstein – Quackenschloß – Muggendorf.

Diese Wanderung in die Fränkische Schweiz ist zu allen Jahreszeiten lohnend, doch wenn wir uns im Mai auf den Weg machen, haben wir doppelten Genuss: Zum einen sind die Buchenwälder zur Zeit des Laubaustriebs besonders lieblich, zum anderen ist im Mai die Einkehr im Garten des Maihofs am schönsten, denn dann wir sitzen hier in einer Wiese voll blühender Obstbäume. Ein Krug von dunklem Bier der Brauerei Krug und ein solides Mittagessen schmecken dann doppelt gut.

Auf unserer Wanderung lernen wir fast alles kennen, was die Schönheit der Fränkischen Schweiz ausmacht und was schon Anfang des 19. Jahrhunderts Studenten aus Erlangen, Romantiker allesamt, bewogen hat, das „Muggendorfer Gebürg" zu besuchen: Das tief eingeschnittene Tal des Wiesentflusses (von Dichtern wie Viktor von Scheffel schon vor 140 Jahren wegen ihres Forellenreichtums gerühmt), die vom Baumbe-

Weglänge: 14 km.
Gehzeit: 4 bis 4 ½ Stunden.
Anfangspunkt: Bushaltestelle Behringersmühle Buslinie Ebermannstadt – Gößweinstein – Pegnitz (VGN – Linie 232). Fahrpläne vom Verkehrsverbund Nürnberg. Regelmäßiger Busverkehr, teilweise im Stundentakt, nur in der Zeit vom 1. Mai bis 31. Oktober. Fahrplanauskunft telefonisch unter 0911/2834646.
Endpunkt: Bushaltestelle Muggendorf Gasthaus Kohlmann. Gleiche Buslinie und Fahrplanauskunft wie oben.
Gelände: Gleich zu Beginn und dann bei der Riesenburg längere, etwas anstrengende Anstiege. Der Abstieg nach Doos ist manchmal rutschig, der Weg im Wiesenttal uneben. Deshalb werden bei dieser Wanderung Stiefel mit Profilsohle empfohlen. Der Weg verläuft zur Hälfte in offenem Gelände und zur Hälfte im Wald.
Karte: Fritsch Wanderkarte 1: 50 000 Naturpark Fränkische Schweiz _Blatt Süd_ oder Appelt Wanderkarte Innere Fränkische Schweiz 1:35 000.
Empfohlene Jahreszeit: Nicht an heißen Tagen.
Sehenswertes: _Weiße Marter:_ Besonders große Rokokomarter mit Marienkrönung von 1767. Ihre Errichtung beruhte auf dem Gelöbnis eines Kronacher Wallfahrers beim Anblick der Kirche von Gößweinstein an dieser Stelle. Die Bildsäule ist dem dortigen Gnadenbild nachgestaltet. Der Künstler ist nicht geklärt.
Riesenburg: Große Einsturzhöhle.
Adlerstein: Aussichtsfelsen, der auf einer Treppe erstiegen werden kann.

IM HERZEN DER FRÄNKISCHEN SCHWEIZ

Ausblick vom Adlerstein über die Fränkische Schweiz

wuchs wieder befreiten talbeherrschenden Dolomitriffe, die Höhlen und Aussichtsfelsen. Wenn wir zum Schluss der Tour einen kleinen Umweg und einen weiteren Anstieg nicht scheuen, führt uns unser Wanderweg durch die 60 m lange, beidseitig offene Oswaldhöhle. Erst wenn wir ein Stück in sie hineingegangen sind, sehen wir den Lichtschein vom entgegengesetzten Höhlenausgang. Besonders interessant ist auch die „Riesenburg", die eine sogenannte Einsturzhöhle darstellt. Ihre Decke ist eingestürzt, allerdings nicht vollständig, sodass man über den noch stehengebliebenen Teil des Höhlendachs zu einer Aussichtskanzel hinweggehen kann. Dabei blickt man auf den Grund der Höhle hinunter. Irgendwann wird sicher der

Das Forsthaus Schweigelberg liegt idyllisch im Wald

Die „Weiße Marter" bei Köttweinsdorf ist der größte barocke Bildstock in Franken

Unter Blütenbäumen sitzt man im Mai im Garten des Maihofs

restliche Teil auch einstürzen. Ein bereits völlig eingefallenes Höhlensystem begegnet uns bei dem Quackenschloss. Hier ist nur noch eine wilde Felsszenerie vorhanden, die kaum mehr an die frühere Höhle denken lässt.

Kurz zuvor kommen wir beim Adlerstein, dem mit 534 m höchsten Punkt der inneren Fränkischen Schweiz, vorbei. Früher wurde er mit Leitern erstiegen, die Bauern der Gegend bereithielten. Heute steigen wir verhältnismäßig bequem auf einer Treppe hinauf und genießen die Aussicht von der Felsklippe. Viktor von Scheffel, der im 19. Jahrhundert einer der bekanntesten Dichter Deutschlands war und der auch das berühmte Staffelberglied verfasst hat, hat auch den Adlerstein besungen:

Zum schwindelhohen Adlerstein
Versuch ich früh ein Klettern
Schau rundum ins Gebirg hinein
Und laß die Laute schmettern.
Frühnebel spielt, von Wind gefacht,
Um Felsen grobgestaltig.
O Hochland, wilde Hochlandpracht,
O Täler grün und waldig.

Wegbeschreibung

Ausgangspunkt ist die Bushaltestelle Behringersmühle (Hotel Frankengold). Wenige Schritte nach dieser in Richtung Gößweinstein führt rechts ein Fußweg zu einer Holzbrücke über die Wiesent, dann geht es über die B 470 hinweg und durch den Kurpark zur „Hauptstraße" (Verkehrsamt). An dieser gehen wir weder rechts noch links,

IM HERZEN DER FRÄNKISCHEN SCHWEIZ

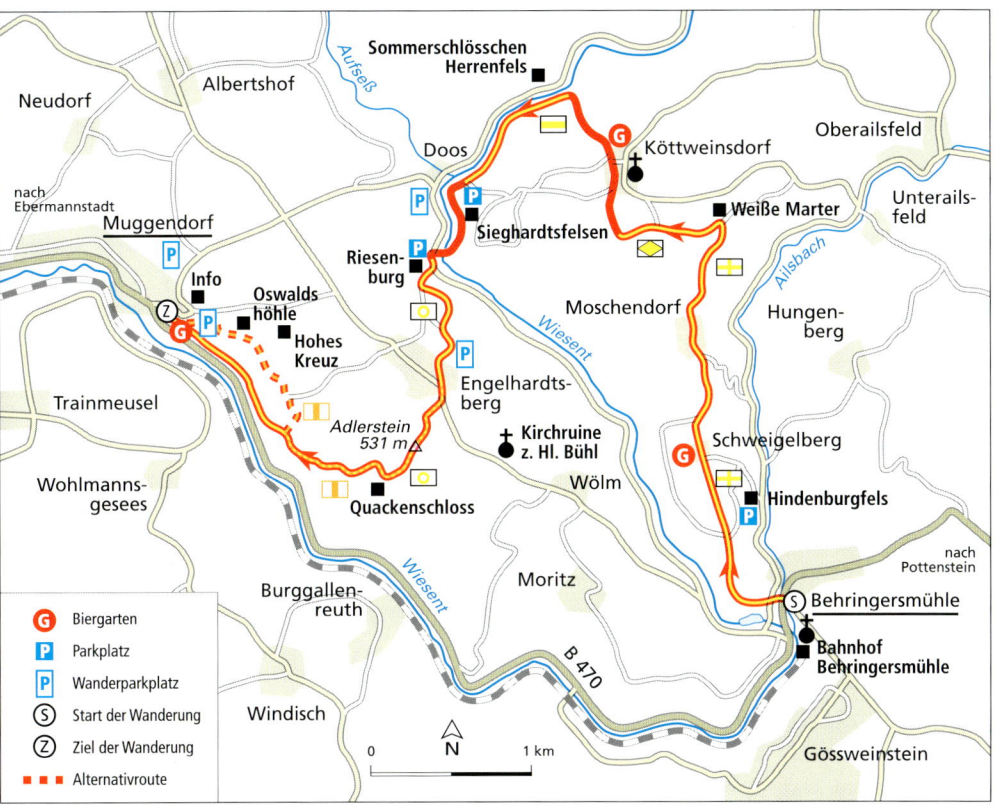

sondern geradeaus zu den Markierungen und den Wegweisern, von denen einer unseren Weiterweg nach Schweigelberg anzeigt Unser Markierungszeichen ist ab hier für längere Zeit das „gelbe Kreuz". Mit diesem Zeichen (und anderen) wandern wir schräg den Hang empor. Kurz vor Erreichen der Höhe schwenkt unser markierter Weg (Gelbkreuz) leicht nach rechts zu einer Wiese hin (Aussicht!). Die Wiese überqueren wir auf einem Trampelpfad in Richtung auf eine am nächsten Waldrand sichtbare Bank. Rechts von dieser geht es geradeaus weiter und man erreicht eine Waldstraße, der wir geradeaus bis zum Forsthaus Schweigelberg folgen.

In gerader Richtung geht es wieder in den Wald hinein. Etwa 5 Minuten nach dem Forsthaus führt die Waldstraße nach links. Wir folgen dem Weg geradeaus, noch immer mit der Markierung „gelbes Kreuz". Der Pfad führt dann in anmutigen Kehren durch Wiesengelände nach Moschendorf, das auf der Ortsstraße durchschritten wird. An einer kleinen Anhöhe bei einem Kreuz, etwa 5 Minuten nach dem Dorf, zeigt ein Wegweiser nach dem Gasthaus Maihof. Da wir aber die

Weiße Marter sehen wollen, laufen wir weiterhin auf dem mit dem „gelben Kreuz" bezeichneten Weg bis zur Marter. Hier ändert sich unsere Richtung und unsere Markierung. Wir folgen nunmehr dem Weg mit dem Wegzeichen „Gelbe Raute", der wenige Meter vor der Marter nach links abzweigt. Der genannten Markierung folgen wir für knapp einen km. Bei einer Baumgruppe und einem Kruzifix stoßen wir auf einen Querweg. Hier verlassen wir die bisherige Markierung und gehen nach rechts nach Köttweinsdorf. Bei der ersten Kreuzung im Ort brauchen wir nicht nach rechts zur Ortsstraße hinzulaufen, sondern gehen gleich geradeaus auf einem als Privatweg bezeichneten Weg. Dieser führt hinter den Häusern entlang und stößt bei einer weiteren Dorfstraße auf den Gasthof Maihof.

Wenn wir das Gasthaus verlassen, gehen wir auf der vom Ort kommenden Straße nach rechts (ortsauswärts). Wir sehen vor uns ein breites Tal, in das wir hinablaufen. Nach einer kurzen Wegstrecke bei einer Pferdekoppel wandern wir nicht nach links, sondern geradeaus im Tal hinunter. Nach etwa 100 m und nach weiteren 200 m bleiben wir bei Weggabelungen jeweils auf dem Weg, der gerade im Tal hinabführt. Nach einem steileren Wegstück gelangen wir auf den Wanderweg, der an der Wiesent entlang führt. Diesem Weg folgen wir nach links. Er ist mit einer „weiß-gelb-weißen" Markierung versehen. Der Weg führt an dem Ortsteil Doos vorbei. Die Wiesent wird hier nicht überquert. Erst etwa 10 Minuten nach Doos überqueren wir die Wiesent auf einer Holzbrücke und gelangen zur Straße Doos-Behringersmühle. Auf dieser müssen wir nur ein kleines Stück entlang gehen und kommen dann zu dem Parkplatz unterhalb der Riesenburg. Auf einer Treppe laufen wir zu der Einsturzhöhle empor.

Wir steigen weiter zu dem oberen Ende der Riesenburg und gelangen zu einer Ruhebank. Als Markierungen haben wir einen „roten Ring" und einen „gelben Ring" zur Auswahl. Beide führen nach Engelhardsberg. Wir folgen dem Zeichen „gelber Ring". Über einen Höhenrücken hinweg führt diese Markierung zum Dorf Engelhardsberg. Wir erreichen die Straße von Albertshof nach Behringersmühle und gehen auf dieser nach links an der Gastwirtschaft vorbei bis zu den letzten Häusern des Ortes. Nach diesen zweigt nach rechts ein befestigter Weg ab, der zu einem Wanderparkplatz führt. Nach etwa 200 m folgen wir dem Weg nach links. Uns begleitet noch immer die Markierung " gelber Ring" und zusätzlich das Zeichen „senkrechter roter Strich im weißen Feld". Alsbald gelangen wir zum Adlerstein. Nach diesem führen die Markierungen in den Wald, dort geht es zwischen Felsen bergab. Wie immer in diesem Gebiet sind auch hier die Markierungen recht zahlreich angebracht. Wir erreichen das Quackenschloss. Hier geht der Weg nach rechts weiter und führt zum Waldrand. Man erreicht einen befahrbaren Weg, der bald wieder nach rechts verlassen wird. Unsere Markierungen führen uns in einen Talgrund hinunter. Eine Markierung „grüner Schrägstrich" interessiert uns nicht. Im Talgrund geht es ein Stück eben dahin. Dann trennen sich die Markierungen „gelber Ring" und „roter senkrechter Strich". Wenn wir die *Oswaldhöhle* besuchen wollen, müssen wir der letzteren Markierung folgen, dann allerdings nochmals kräftig steigen. Im anderen Fall gehen wir bei der Kreuzung auf dem linken Weg, der mit dem „gelben Ring" markiert ist. Bei diesem haben wir keine Steigung mehr zu überwinden und gelangen auf angenehmen Hangweg zur Straße von Doos nach Muggendorf. Die Rotstrichmarkierung führt etwas weiter oben zu der gleichen Straße. In jedem Fall gehen wir auf der Straße links bergab nach Muggendorf hinein zum Gasthaus Kohlmannsgarten und zur dort befindlichen Bushaltestelle.

Die Biergärten der Wanderung in die Fränkische Schweiz

1. Forsthaus Schweigelberg
Telefon: 09 11-76 13 48
Öffnungszeiten: Nur von April bis Oktober und nicht bei schlechtem Wetter geöffnet. Dienstag und Mittwoch sind in jedem Fall Ruhetage.
Lage: Sehr ruhig (keine öffentliche Autozufahrt) und idyllisch an einer Waldwiese. Sonnige Plätze am Haus, schattige unter altem Laubbaum auf Bierbänken.
Essen und Trinken: Normalerweise nur Brotzeiten und Getränke. Warmes Essen, auch spezielle Wünsche für Gruppen, im allgemeinen nur nach telefonischer Bestellung.
Bier von Maiselbräu Bayreuth. Größere Auswahl an trockenen Frankenweinen.

2. Landgasthof Maihof Köttweinsdorf
Telefon: 0 92 02-3 53 oder -17 32
Öffnungszeiten: Durchgehend geöffnet. Ruhetag ist der Dienstag.
Lage: Sehr ruhig. Wiese mit Obstbäumen, überwiegend schattig, aber auch sonnige Plätze. Gartentische und Stühle. Selbstbedienung bei Getränken. Rutsche, Schaukel, Sandkasten.
Essen und Trinken: Auch am Werktag mittags bis 14 Uhr immer zwei bis drei warme Gerichte, ebenso ab 17 Uhr. Sonntags fünf bis sechs warme Gerichte. Meist Klöße, Braten, teilweise auch Wild, Forellen. Brotzeiten aus eigener Schlachtung.
Dunkles Bier von der Brauerei Krug Breitenlesau. Taxis-Pils Regensburg. Hochprozentiges aus der Fränkischen Schweiz. Am Wochenende Kuchen.

3. Gasthaus Kohlmannsgarten Muggendorf

Telefon: 0 91 96-2 01
Information: www.kohlmannsgarten.de
Öffnungszeiten: Täglich durchgehend geöffnet. Nur dienstags ab 13.30 Uhr geschlossen.
Lage: Terrassenartig oberhalb der Straße gelegen mit Aussicht ins Wiesenttal. Seit dem Bau der Ortsumgehungsstraße nicht mehr so starke Beeinträchtigung durch den Straßenverkehr.
Alte Bäume, darunter die „Richard-Wagner-Linde", unter der der Komponist 1879 saß. Plastikstühle und Tische. Bedienung auch im Garten.
Essen und Trinken: Umfangreiche Speisekarte, auch Fischgerichte (Forellen). Zwischen den Essenszeiten kleine Gerichte (z. B. Bratwürste, Brotzeiten). Immer auch Kuchen.
Biere von Glossnerbräu Neumarkt/Oberpfalz und Kaiserbräu Neuhaus. Die frühere Brauerei Wehrfritz besteht leider nicht mehr.

Weitere Gaststätten

in Behringersmühle, Engelhardsberg und Muggendorf (teilweise auch mit Garten).

Unterwegs in Richtung Geisfeld (bei Amlingstadt, Wanderung 10)

Rundwanderung bei Strullendorf

Bierkeller im Nahbereich von Bamberg

Strullendorf – Wacht – Wernsdorf – Geisfeld – Roßdorf – Grenzmühle – Strullendorf.

Weglänge: 14,5 km
Gehzeit: knapp 4 Stunden
Anfangspunkt: Bahnhof Strullendorf. Bahnstrecke 820 Nürnberg-Bamberg-Lichtenfels. Anfahrt ab Nürnberg und Bamberg im Stundentakt.
Endpunkt: wie Anfangspunkt
Gelände: Zwei leichte Anstiege, sonst meist eben. Die Wanderung verläuft nur zu einem geringen Teil im Wald.
Karte: Fritsch Wanderkarte 1:50 000 Bamberg-Forchheim.
Empfohlene Jahreszeit: Während der Bierkellersaison bei nicht zu heißem Wetter. Öffnungszeiten der Keller beachten! Kirchweih in Geisfeld am 1. Wochenende im September, in Roßdorf am 2. Juliwochenende.
Sehenswertes: Schöne Bierkeller in Geisfeld und Roßdorf.

Die alte Bischofsstadt Bamberg ist von einem Kranz schöner Bierkeller umgeben. Im Norden finden wir jeweils zwei schöne Keller bei Kemmern und nahe Oberhaid und einen weiteren oberhalb von Dörfleins. Die Gegend dort ist auch zum Wandern sehr geeignet. Westlich der Stadt sind Mühlendorf und Bischwind, im Süden Waizendorf, Pettstadt und Reundorf als beliebte Zielorte von Kellerwanderern und Radlern zu nennen. Östlich von Bamberg können wir in Memmelsdorf (vgl. Wanderung 11) und Merkendorf gemütliche Bierkeller besuchen, südöstlich solche in Wernsdorf, Geisfeld, Roßdorf und Strullendorf. Nicht alle können mit einem Tourenvorschlag in diesem Büchlein vorgestellt werden. Mit einer entsprechenden Wanderkarte kann sich jeder selbst nach eigenem Geschmack eine Wanderung ausdenken. Beispielhaft sei hier die Tour nach Roßdorf und Geisfeld empfohlen. Sie führt durch stille bäuerliche Gegenden. Beide Orte besitzen noch alte gepflegte Fachwerkhäuser und kaum unschöne Neubauten. Auf der Anhöhe Wacht und beim Wasserhaus von Wernsdorf erfreuen uns schöne Ausblicke zur Friesener Warte und zum Geisberg. Schöne Bierkeller und auch angenehme Gastwirtschaften mit zivilen Preisen liegen in nächster Nähe beieinander. Kurzum, alle Voraussetzungen für einen gemütlichen Sonntagsausflug kommen hier zusammen. Damit wir nicht vor verschlossenen Bierkellertüren stehen, sollten wir in Strullendorf erst nach 11 Uhr aufbrechen.

Der Geisfelder Keller liegt ein Stück vom Ort weg oberhalb eines kleinen Tals

Am Griesskeller bei Geisfeld

und ist von herrlichem Baumbestand eingerahmt. Der Keller ist erst 1995 wiedererstanden und mit seinen verschiedenen Fachwerkhäusern auch architektonisch hervorragend gelungen. Leider wird am Werktag erst um 15.30 Uhr und am Sonntag erst um 14 Uhr aufgemacht. Doch besteht die Möglichkeit, in einer der drei Gaststätten Geisfelds, die einen Garten bzw. eine Terrasse haben, zu verweilen, wobei das gute, feinherbe Bier der Brauerei Krug besonders hervorgehoben werden muss. Auch der Roßdorfer Keller der Brauerei Sauer ist weithin bekannt. Er ist berühmt dafür, dass es dort auch an heißen Tagen noch angenehm kühl ist. Vielleicht liegt das an dem vorbeifließenden Bächlein. Allerdings ist dieser Keller nur an besonders

Manchmal kann man am Keller eine Jazzsession erleben

warmen Tagen geöffnet, ansonsten muss man in den Garten der Brauereiwirtschaft ausweichen. Bei dem Weiterweg kommen wir noch an der 1935 errichteten Almrauschhütte vorbei. Am Ortsbeginn von Strullendorf haben wir im Keller der früheren Schwanenbrauerei Strullendorf (die leider nicht mehr besteht, doch ist das Löwenbräubier von Buttenheim ein guter Ersatz), die letzte Gelegenheit zu verhindern, dass die Heimfahrt durstig oder hungrig angetreten werden muss.

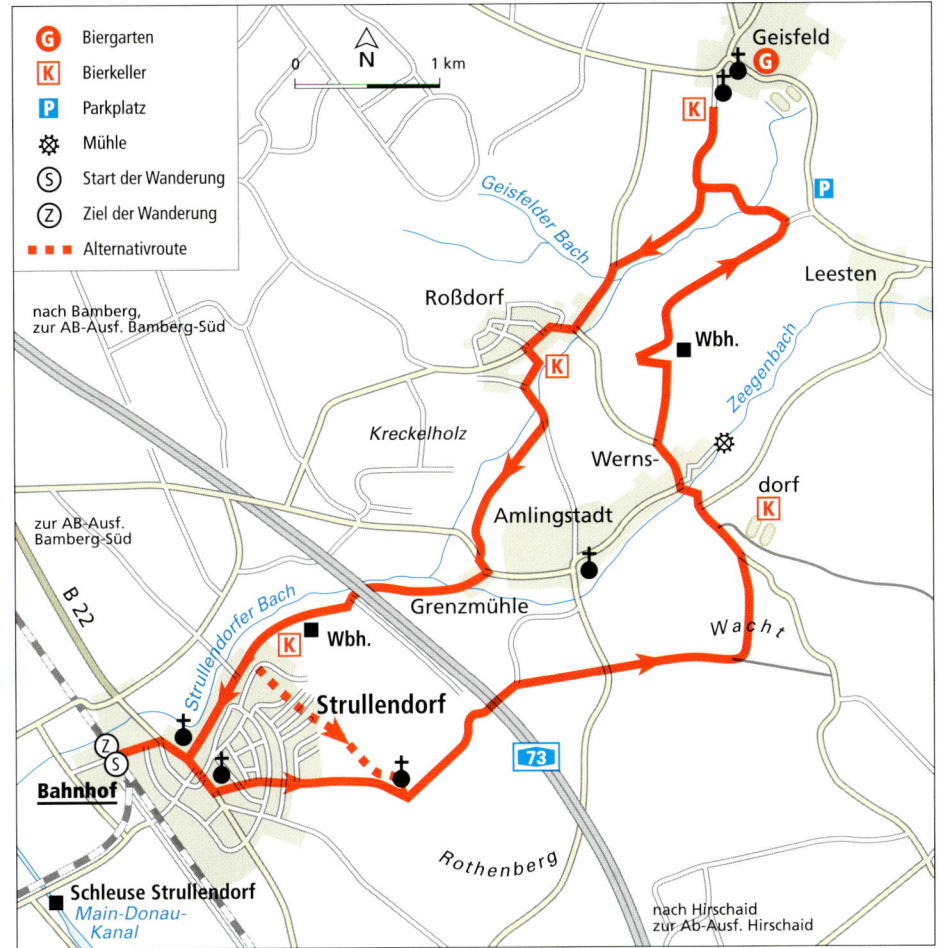

Wegbeschreibung

Vor dem Bahnhof gehen wir rechts und dann links herum durch die Bahnhofstraße Richtung Ortsmitte. Wir kommen zur Ortsdurchfahrtsstraße und laufen rechts an der Kirche vorbei. Wir gehen geradeaus auf der Hauptstraße bis zur dritten Seitenstraße links nach der Kirche. Es ist dies die „Tiergartenstraße", der wir dann folgen. Bei Querstraßen gehen wir immer geradeaus und bleiben stets auf der Tiergartenstraße, bis wir zum Waldanfang kommen. Hier verlassen wir den Bereich der geteerten Ortsstraßen und wandern geradeaus in den Wald hinein. Nach etwa 50 m im Wald und nochmals nach weiteren 120 m gabelt sich unser Weglein. Wir folgen beide Mal dem rechten Waldpfad, immer in östliche Richtung. Dieser verzweigt sich dann nochmals bei einem Baum mit zwei gelben Farbflecken, auch hier folgen wir dem rechten Fußpfad. Wir stoßen dann auf einen schwach ausgeprägten Querweg. Hier sehen wir vor uns eine Waldkapelle, zu der wir hingehen.

Auch die Terrasse der Gaststätte Krug ist ein schöner Einkehrplatz

Der Weg vom Ortsende bis zur Kapelle ist vielleicht nicht ganz leicht zu finden. Etwas einfacher, allerdings etwas weiter, wäre folgender Weg: Wir gehen nach der Kirche links durch die Straße „Lindenallee" und biegen dann nach etwa 10 Minuten rechts in den „Kapellenweg" ein und folgen diesem bis zum Ende der Bebauung. Beim letzten Haus gehen wir auf dem leicht nach rechts führenden Weg ziemlich eben weiter und geradeaus in den Wald hinein, in dem wir die Kapelle erreichen.

Nach der Kapelle gehen wir nun auf dem breiteren Weg nach rechts bzw. bei der zweiten Variante geradeaus in südöstliche Richtung ein Stück weiter. Nach 50 m verlassen wir diesen Weg und biegen rechtwinklig nach links in einen kleineren Waldweg ein, der bergauf führt. Wenn die Höhe erreicht wird, verzweigt sich dieser Weg. Wir folgen nicht dem rechten, sondern dem weniger ausgeprägten geradeaus führenden Weg. Der Wald wird verlassen und es geht auf einer Wiese auf grasigen Wegspuren und zwischen Feldern weiter, bis man zu einer Baumgruppe mit Jägerstand kommt. Hier laufen wir nach rechts und erreichen eine kleine Straße, die parallel zur Autobahn verläuft. Wir halten uns kurz nach rechts und kommen zu einer Brücke, auf der wir die A 73 überqueren. Es geht dann um ein Wäldchen herum. Nach diesem folgt eine Wegkreuzung. Wir folgen dem rechten der beiden Fahrwege. Bei einem großen Holzkreuz erreichen wir die Straße von Hirschaid nach Amlingstadt. Hier wandern wir geradeaus weiter und steigen leicht an, bis wir nach 10 – 15 Minuten die Anhöhe „Wacht" erreichen. Unser Weg schwenkt, nunmehr geschottert, rechtwinklig nach links und wir laufen nunmehr in nördlicher Richtung über die Höhe hinweg und dann bergab, bis wir zu einer Autostraße kommen. Auf dieser gehen wir direkt nach Wernsdorf. Rechts sehen wir die Abzweigung zum Wernsdorfer Felsenkeller. Beim Weitergehen mündet von rechts die Straße von Leesten her ein. Wir gehen geradeaus bis zur Kurve. Bei dieser überqueren wir rechts den Bach (Verkehrzeichen: Fußgänger) und gehen dann in der „Roßdorfer Straße" bergauf bis zum Ortsende. Vor dem letzten Haus führt uns rechts ein Feldweg in die Flur hinaus. Der Weg steigt dann etwas an und wird zum Grasweg. Man sieht vor sich das runde Wasserhaus von Wernsdorf. Man könnte weglos auf dieses zugehen. Besser ist es aber bei einem grasigen Querweg an einer Hecke entlang nach links zu gehen und dann an einer Bank scharf nach rechts auf einem nunmehr gut ausgebauten Weg zum Wasserhaus emporzusteigen. Dort hat man schöne Aussicht.

In Höhe des Wasserhauses gehen wir nach links auf einem grasigen Weg zu einem eingezäunten Garten. An der linken Seite des Gartens laufen wir am Zaun entlang und begeben uns über die Wiese auf die Heckenreihe vor uns zu. Dort gehen wir nach rechts. Der Weg entwickelt sich zu einem Schotterweg, dem wir geradeaus folgen. Links hinten sehen wir bereits den Geisfeldkeller. Nach ungefähr 10 Minuten auf dem Schotterweg laufen wir nicht weiter zu der vor uns sichtbaren Autostraße (dort befindet sich die Gaststätte Waldstübla), sondern wandern nach links auf einem befestigen Weg hinunter ins Tal und überqueren dort den Geisfelder Bach. Das Sträßchen steigt dann wieder etwas an. Bei einer Kurve geht es nach links und danach eben weiter. Nach einer Rechtskurve führt die schmale Straße dann zum Griesskeller hinauf.

Wenn wir den Ort Geisfeld aufsuchen wollen, gehen wir nach dem Keller einfach geradeaus weiter. Im Ort stoßen wir zunächst auf die Gastwirtschaft der Griessbrauerei, kommen dann erst nach rechts und dann links gehend zum Gasthof Büttel und nach diesem rechts in der „Alten Dorfstraße" zur Brauerei Krug.

Zum Weiterweg gehen wir vom Griesskeller wieder hinunter bis zu der ersten Kurve der kleinen Straße, auf der wir gekommen sind. Links steht hier ein Schild „Wasserschutzgebiet". Wir laufen nun an der Kurve geradeaus auf einem Fußweg zwischen Büschen hindurch. Ein weiteres Schild weist auf das Wasserschutzgebiet hin. Ein Graben wird überquert und man geht fast wie im Dschungel zwischen beiderseitigem hohen Schilf. Es kann hier recht feucht sein. Der Weg führt dann wieder in offenes Ackergelände, hier geht es

Beim Roßdorfer Felsenkeller ist es angenehm kühl

Der Schwanenbräukeller ist der einzige noch bestehende Strullendorfer Bierkeller

parallel zu dem Bachgrund auf einem Feldweg bis zur Straße von Geisfeld nach Roßdorf. Wir wandern auf dieser Straße am Sportplatz entlang zum Ort und laufen mit einer Rechtskurve weiter in diesen hinein. Vor uns sehen wir dann rechts die Gastwirtschaft Sauer. Um zum Keller zu gelangen, folgen wir weiter der Ortsstraße, bis wir auf der linken Seite das Hinweisschild „Felsenkeller" sehen. Zwischen zwei Häusern und Gärten hindurch kommen wir zum Keller.

Zum Weiterweg gehen wir nur ein paar Schritte in Richtung Ort zurück und biegen dann gleich links in den Feldweg ein, der hinter den Hausgrundstücken entlang führt. Wir gelangen zu der kleinen Teerstraße, die von Roßdorf nach Amlingstadt geht. Dieser folgen wir ein Stück nach links, überqueren den Bach und biegen alsbald in den ersten (befestigen) Feldweg ein, der nach rechts führt. Auf diesem laufen wir in dem Talgrund entlang, bis wir eine kleine Teerstraße an einem Bach erreichen. Rechts geht es hier zu der nahen Almrauschhütte. Wir müssen dort nicht hingehen, sondern laufen auf dem Sträßchen nach links bis zur Autostraße. Dieser folgen wir etwas über 100 m bis zum ersten Haus von Amlingstadt. Dort biegen wir rechts in eine kleine Teerstraße ein und gehen an der Alten Grenzmühle vorbei. Bei dem Beginn des Waldes gehen wir nicht links zu den Gärten hoch, sondern geradeaus und laufen unter der A 73 durch. Gleich nach der Unterführung biegen wir an der Kurve von dem jetzt geteerten Weg nach rechts ab und gehen nunmehr auf einem Waldweg bis zum Ortsbeginn von Strullendorf. Links sehen wir den Parkplatz des Schwanenkellers und das Kellerhaus. Um zum Bahnhof zu gelangen, laufen wir geradeaus und erreichen eine mit Linden bestandene Straße, der wir bis zur Kirche folgen. Dort laufen wir an der Hauptstraße nach rechts und dann links durch die Bahnhofstraße zum Bahnhof (20 – 25 Minuten ab dem Schwanenkeller).

Die Biergärten und Bierkeller der Wanderung bei Strullendorf

1. Griesskeller Geisfeld
Der Keller gehört zur Brauerei Griess in Geisfeld (mit Gastwirtschaft und schattigem Garten, allerdings nicht so ruhig wie der Keller). Er wurde bis in die Nachkriegszeit in einfacher Form betrieben und dann 1995 wieder eröffnet. Auf dem Keller finden öfters Musikveranstaltungen statt, die in der Bamberger Presse angekündigt werden.
Telefon: 0 95 05-80 31 71(Keller) oder 0 95 05-16 24 (Brauerei und Gastwirtschaft).
Öffnungszeiten: Mai bis September bei schönem Wetter. Sonntags ab 14 Uhr, an den übrigen Tagen ab 15.30 Uhr geöffnet.
Lage: Freie Lage, ein Stück vom Dorf entfernt am Hang; überwiegend schattig unter herrlichen Linden und Kastanien. Auch sonnige Plätze. Terrassenartig angelegt, schöne Wegpflasterung. Sehr ansprechende Fachwerkkellerhäuser. Neu ein überdachter Bereich für Regenschauer. Äußerst ruhige Lage. Kinderspielmöglichkeiten sind vorhanden.
Essen und Trinken: Neben den üblichen Kellerbrotzeiten (auch Zwetschgenbaames, Käseplatte, Ziebeleskäse) gibt es Tomaten und Mozzarella, Pizza und am Sonntag auch warmes Essen.
Ungespundetes Kellerbier der Brauerei Griess, unten im dem Kellerhaus ausgeschenkt.

2. Brauereigaststätte Krug Geisfeld
Telefon: 0 95 05-4 84
Öffnungszeiten: Samstags ab 14 Uhr, sonntags nach der Messe (10.15 Uhr), die übrigen Tage (außer Dienstag) ab 16 Uhr geöffnet.
Lage: Ruhig an einer für den Durchgangsverkehr gesperrten Ortsstraße. Terrasse neben dem Eingang zur Gastwirtschaft. Überwiegend sonnig, Schatten durch einen Baum und Sonnenschirme.
Essen und Trinken: Gelegentlich Schlachtschüssel, sonst Hausmacher Brotzeiten (Presssack, Zwetschgenbaames, Ziebeleskäse)
Bier aus eigener Brauerei (Lagerbier vom Fass, feinherb).

3. Felsenkeller Sauer Roßdorf

Der Keller gehört zur Brauereigaststätte Sauer. Bei der Gastwirtschaft (geöffnet täglich außer Montag ab 11 Uhr) befindet sich ein großer, ruhig gelegener, überwiegend schattiger Biergarten. Keller und Garten der Gastwirtschaft haben nicht gleichzeitig geöffnet.
Telefon: 0 95 43-15 78
Öffnungszeiten: Bei schönem Kellerwetter an Samstagen, Sonn- und Feiertagen ab 15 Uhr,
Lage: Sehr ruhig, überwiegend schattig unter alten Bäumen. Bänke teilweise mit Lehne. Kinder können am Bach und im Wäldchen spielen. Das Fachwerkkellerhaus stammt aus dem Jahr 1913.
Essen und Trinken: Kellerbrotzeiten aus eigener Herstellung, auch Grupfter, Zwetschgenbaames und Ziebeleskäse.
Selbstgebrautes Lagerbier vom Fass.

4. Schwanenkeller Strullendorf

Der letzte von vier alten Bierkellern am Strullendorfer Kellerberg.
Telefon: 0 95 43-4 12 78
Öffnungszeiten: Anfang April bis Ende September. Sonn- und feiertags ab 13 Uhr, an allen übrigen Tagen ab 15 Uhr.
Lage: Ruhig gelegen. Überwiegend schattig unter alten Eichen. Sonnige Plätze auf der Terrasse vor dem Kellerhaus. Bierbänke mit Lehne. Kinderspielmöglichkeiten an Rutsche und Schaukel sowie im Wald.
Essen und Trinken: Außer den üblichen Kellerbrotzeiten auch Bratwürste, Knoblauchbaguette, Grupfter, marinierte Heringe (freitags).
Kellerbier vom Löwenbräu Buttenheim aus dem Fass.

5. Weitere Gartenwirtschaften und Keller

Wernsdorf: Gasthof Schiller (schon ab Mittag geöffnet, Georgenbräubier Buttenheim) und
Sauers Felsenkeller (nur am Wochenende ab 15 Uhr geöffnet. Pülsbräu Weismain und Keesmannbier von Bamberg).
Geisfeld: Gasthof Büttel mit Gartenhof und bürgerlicher Küche. Georgenbräubier Buttenheim.
Almrauschhütte: Zwischen Roßdorf und Strullendorf, isoliert und recht ruhig gelegener Terrassengarten. Biere der Brauereien Spezial Bamberg und Ott Oberleinleiter. Am Sonntag auch warmer Mittagstisch.

Zur Ritterburg Giech und zur Wallfahrtskapelle Gügel

Stille Biergärten an der Gügelkapelle und in Meedensdorf

Scheßlitz – Burgruine Giech – Gügel – Pünzendorf – Schmerldorf – Meedensdorf – Memmelsdorf (oder Schloss Seehof).

Weglänge: 14 km.
Gehzeit: 4 bis 4 $^1/_4$ Stunden.
Anfangspunkt: Scheßlitz Bushaltestelle Kirche, Buslinie 8224 Bamberg – Scheßlitz. Abfahrten derzeit ab Bamberg Bahnhof Montag bis Freitag um 9.25 und 11.17, an Samstagen um 9.25 und 11.13, an Sonntagen und Feiertagen um 8.03 und 12.00. Wenn diese Sonntagsabfahrtszeiten als ungünstig angesehen werden, kann man die Wanderung in umgekehrter Richtung durchführen und beispielsweise um 10.05 mit dem Stadtbus ab Bahnhof Bamberg nach Memmelsdorf fahren (Linie 07). Rückfahrt in Scheßlitz an Sonntagen um 16.10 oder 18.30 Uhr.
Endpunkt: Bushaltestelle Memmelsdorf Markt, Stadtbuslinie 07 nach Bamberg Montag bis Freitag in 20-minütigem Abstand bis 18.52, Samstag und Sonntag stündlich bis 18.49, außerdem noch Busse der Linie 8224 Scheßlitz – Bamberg ab Memmelsdorf Bahnhofstraße. In Seehof halten die Bamberger Stadtbusse der Linie 07 Memmelsdorf – Bamberg.
Gelände: Bis zur Giechburg müssen 225 m Höhe überwunden werden, dann nur noch kleinere Anstiege. Nur ein Viertel der Wanderstrecke verläuft im Wald.
Karte: Fritsch Wanderkarte Bamberg/ Forchheim 1:50 000 oder Appelt Wanderkarte Nördliche Fränkische Schweiz/ Obermaintal 1:50 000.
Empfohlene Jahreszeit: Nicht an heißen Tagen.
Feste: Bei der Gügelkapelle findet am 1. Septembersonntag das Schutzengelfest statt. Mariae Himmelfahrt wird am 15. August gefeiert. Die Kirchweih am Gügel ist am dritten Oktoberwochenende.
In Scheßlitz findet die Kirchweih am letzten Augustwochenende statt (von Donnerstag bis Montag). In Memmelsdorf ist Kirchweih am 3. Wochenende im August (Musik am Bierkeller).
Sehenswertes: _Scheßlitz_: Hübsches Städtchen am Rand der fränkischen Alb, leider viel Durchgangsverkehr. An der Hauptstraße das Zunfthaus der Brauer mit schönen Fachwerkschnitzereien und großem Erker. Sehenswerte Pfarrkirche St. Kilian mit prächtigem Hochaltar und schöner Kanzel, jeweils von J. B. Kamm um 1780. Im Chor Epitaph eines adligen Truhendingers im Kettenhemd und seiner Frau Agnes, um die der Ritter seinen Arm legt (aus der Zeit um 1360). Ferner Grabmäler der Familie von Wiesenthau aus der Renaissancezeit.
Burgruine Giech: Am Rand des Jura auf einem Bergkegel gelegene Halbruine. Rechteckige Burganlage mit sechs Rundtürmen und vorgelagerten Bastionen aus der Zeit um 1600. Durch die gotische Toranlage mit Wappen und die anschließende Durchfahrt gelangt man in den dreiseitig umbauten Innenhof. An der Ostseite der Bergfried aus dem 13. Jahrhundert.
Wallfahrtskirche St. Pankratius Gügel: Kirche in landschaftsbeherrschender Lage an der Stelle einer früheren Burg auf hohem Jurafelsen. Zugang bei der Gastwirtschaft in die Unterkir-

che (Lourdeskapelle) und von dieser in die Oberkirche auf schmaler Wendeltreppe. Die wesentlichen Bauteile stammen aus der Zeit nach 1610, so auch der interessante frühbarocke Hochaltar. Älteste spielbare Orgel Oberfrankens (von 1608).
Memmelsdorf: Die Kirche Mariae Himmelfahrt bildet zusammen mit der figurengeschmückten Friedhofsmauer ein schönes Bauensemble. Die Figuren auf der Mauer stammen von Ferdinand Tietz, der auch im Schloss Seehof tätig war. An der Außenseite der Kirche zwei Kapellen von 1719 mit Ölberg und Grablegung.
Schloss Seehof (Marquardsburg) Großartige barocke Schlossanlage, erbaut 1687 – 1696 von dem Würzburger Baumeister Petrini für den Bamberger Fürstbischof Schenk von Stauffenberg. Prächtiger wiederhergestellter Schlosspark aus der Zeit um 1700 mit reichem Figurenschmuck aus der Zeit um 1750, vor allem von Ferdinand Tietz. Schöne Wasserspiele. Torgebäude mit Wachthäusern von Joh. Michael Küchel. Nähere Angaben auch im „Wegweiser Bamberg Stadt und Umgebung" des Heinrichs-Verlags Bamberg.

Schon bei der Anfahrt von Bamberg erblickt man vor sich einen Höhenrücken mit der Silhouette der mächtigen Giechburg und – nicht ganz so hoch aufragend – der Gügelkapelle. Auf unserer Wanderung werden wir diese beiden Landmarken aus den verschiedensten Perspektiven sehen. Wir bewegen uns dabei in ehemals ritterschaftlichem Gebiet. Der Name der 1125 erstmals erwähnten Burg leitet sich von dem Adelsgeschlecht der Grafen von Giech ab. Bereits 1130 gelangte der Besitz an das im Hochmittelalter mächtige Geschlecht der Grafen und späteren Herzöge von Andechs-Meranien. Nach der Ermordung des letzten Meraniers auf seiner Burg Niesten bei Weismain kam die Burg mit dem dazugehörigen Gebiet, zu dem auch Scheßlitz gehörte, als Lehen des Bistums Bamberg an das Geschlecht der Truhendinger. Ein schönes Grabmal eines Truhendingers mit seiner Ehefrau können wir in der Kirche in Scheßlitz sehen. 1390 kam dann Burg und Besitztum endgültig an das Hochstift Bamberg. Die Burg wurde mehrmals zerstört und wieder aufgebaut. Die letzte Zerstörung war nicht kriegerischer Natur: Als das Bistum Bamberg nach der Säkularisation 1802 zu Bayern kam, wurden durch den abrisswütigen bayerischen Bauinspektor von Hohenhausen die Dächer abgetragen. Seither ist die Burg teilweise Ruine.

Auch auf dem Felsen, auf dem heute malerisch die Gügelkapelle steht, stand ursprünglich eine Burg der Meranier und Truhendinger. Wohl schon um 1400 war sie verfallen und wurde durch eine erste Kapelle ersetzt. Nach der Säkularisation sollte die Gügelkirche durch Hohenhausen abgerissen werden,

Kurz nach Scheßlitz erblicken wir bereits die Giechburg

doch der Widerstand des Scheßlitzer Pfarrers und der Bevölkerung verhinderte dies. Auch unser Wanderziel Gügel ist ein Wallfahrtsort. Schon am Weg weisen uns die barocken Kreuzwegstationen darauf hin. Wallfahrtskirchen sind häufig in landschaftlich schönster Lage, oft auf Bergen, errichtet. So ist es nicht erstaunlich, dass nicht wenige Wanderungen dieses Büchleins Wallfahrtsstätten zum Ziel haben.

In Scheßlitz sehen wir das reich mit Holzschnitzerei versehene Fachwerkhaus der Brauerzunft, das uns die früher große Bedeutung des Brauwesens (und die seinerzeit bestehende gute wirtschaftliche Lage der Bierbrauer) in diesem Gebiet erkennen lässt. Erfreulicherweise hat in dem Bereich, den wir auf der Wanderung berühren, das Brauereisterben noch nicht um sich gegriffen. In Scheßlitz gibt es noch drei kleine Brauereien (und einen Bierkeller, allerdings nicht mit Scheßlitzer, sondern mit Bamberger Bier). In Memmelsdorf waren vor kurzem noch drei Brauereien ansässig, jetzt sind es noch zwei, sie brauen wie die meisten anderen nur für den Ausschank in der eigenen Gastwirtschaft. Im nahen Merkendorf finden wir zwei Landbrauereien, die eine mit einem sehr hübschen Bierkeller. In Köttensdorf, nahe unserer Wegstrecke, gibt es noch die Brauerei Hoh, sodass hier auf engstem Raum acht Braubetriebe existieren.

Die Bildstöcke des Wallfahrtswegs führen zur Kapelle am Gügel. Im Rückblick sehen wir die Giechburg

Unterwegs bei unserer Wanderung haben wir mehrfach Gelegenheit zu gemütlicher Rast im Freien: Einmal zu Füßen des burgartig aufragenden Chors der Kirche am Gügel, zum andern im baumbeschatteten Garten des Gasthauses in Meedensdorf, wo wir selbstgebackenen Kuchen, unvergleichlich besser als die Produkte von Großbäckereien, genießen können.

Wenn wir am Ende der Tour den Ortsanfang von Memmelsdorf erreichen, müssen wir uns zwischen Biergenuss im gut geführten Höhnskeller und Kunstgenuss im Schlosspark von Seehof entscheiden. Wie auch immer wir die Wahl treffen, wird es noch ein abschließender Glanzpunkt nach unserer abwechslungsreichen Wanderung sein.

Wegbeschreibung

Von der Bushaltestelle Scheßlitz (Kirche) gehen wir zur Kirche hin und dann nach links in die Wilhelm- Klingler-Straße. Wir laufen den Berg hinab und unten bei der Vorfahrtsstraße nach links. Unsere weiteren Wegmarkierungen „M-D" und „rotes Hufeisen" tauchen auf. Die Straße macht dann eine leichte Linkskurve. Hier halten wir uns nach rechts und folgen bergauf dem Gügelweg und den Markierungen. Oben geht es nach links in die Straße „ Am Kreuzschleifer". Außer den genannten Markierungen begleitet uns auch noch die Markierung „Gelber Strich". Nach ungefähr 100 m auf dieser Wohnstraße müssen wir rechts in den Andechsweg einbiegen. Dieser setzt sich am Ende als Fußweg fort. Wir folgen den Wanderzeichen in die Flur hinaus. Giechburg und Gügelkapelle werden bereits vor uns sichtbar. Es geht geradeaus zu einer Feldkapelle mit Bank und großer Linde und dann hinab in einen Bachgrund, der überquert wird. Dann erreichen wir wieder einen befestigten Weg. Auf diesem laufen wir nach links bis zu einem

ZUR RITTERBURG GIECH UND ZUR WALLFAHRTSKAPELLE GÜGEL

Hochspannungsmast und dort direkt unter diesem durch nach rechts über eine Wiese zum Waldrand. Wir achten auf unsere Markierungen. Am Waldbeginn geht es (praktisch ohne Weg) an einem Zaun zwischen Wiese und Wald entlang. An der rückwärtigen Zaunecke begeben wir uns nach rechts in den Wald hinein, gehen noch 10 bis 15 m am Zaun entlang und laufen dann halblinks auf einem Fußpfad, der etwas zugewachsen ist, weiter. Ein breiterer Waldweg wird überquert. Unsere Markierungen gehen gerade auf dem Fußweg weiter. Nach der Überquerung einer weiteren Waldstraße wird unser Weg wieder besser und der Anstieg beginnt. Nach dem Ende des Waldes an einer Wiese wendet sich unser Weg nach links zu einem Parkplatz. Hier laufen wir rechts einige Treppen hinauf. Bei einem weiteren Parkplatz erreichen wir die Straße zur Giechburg. Hier geht ein Fußweg nach links mit Kreuzwegstationen direkt zur Gügelkapelle. Wir aber wandern zum Besuch der Burg auf der geteerten Straße bis zu dieser bergan.

Mit den bekannten Markierungen geht es von der Giechburg in östlicher Richtung weiter. Nach einem steilen Abstieg gelangt man zu einer Wiese. Bei der 6. Kreuzwegstation vereinigt sich unser Weg mit dem direkten Weg vom Parkplatz. Auf dem Weg mit den weiteren Kreuzwegstationen erreichen wir die Kirche am Gügel.

Gemütliche Rast im Biergarten in Meedensdorf

Bei den Bierbänken unter den alten Linden geht unser Weg weiter. Wegweiser nach dem Stammberg und nach Pünzendorf sind angebracht. Der Fußweg führt auf die geteerte Zufahrtsstraße, auf der wir ein Stück bergab gehen. Diese Straße macht dann eine Linkskehre. Hier gibt es verschiedene Wege. Wir verlassen die markierten Wege und begeben uns auf die Waldstraße nach rechts, an der ein Wegweiser nach Pünzendorf zeigt. Die Waldstraße wird nach ungefähr 100 m wieder verlassen. Wir laufen dann links auf steinigem Weg steil bergab. Durch schönes Gelände geht es hinunter nach Pünzendorf, zuletzt ist der Weg befestigt. Im Dorf geht es etwas nach rechts und bei einer weiteren Kreuzung nochmals nach rechts in Richtung Weingarten. Die kleine Straße verläuft zunächst eben am Hang und führt dann nach rechts bergauf nach Weingarten. An der Kurve gehen wir nicht bergauf, sondern laufen geradeaus unterhalb dieses Dorfs auf einem Feldweg weiter, der dann zur Straße nach Peulendorf hinunterführt. Wir gehen auf der Straße zu diesem Ort hin und durchschreiten ihn auf der Dorfstraße bis zum westlichen Ortsende. Hier führt links ein geteerter Flurweg zum Bach, überquert diesen und steigt bergan bis zum Waldbeginn. Hier haben wir einen besonders schönen Ausblick. Am Waldrand oberhalb einer Wiese geht es, nun nicht mehr geteert, gerade weiter. Der Wald wird – immer geradeaus – durchquert und man erreicht die Straße Scheßlitz-Kremmeldorf. Auf dieser wandern wir für 120 m nach rechts und biegen dann links in einen Flurbereinigungsweg ein. Es geht bei einem Kreuz mit 2 Bänken nach rechts und für eine Länge von etwa 800 m geradeaus leicht bergab. Dann laufen wir nach links bis zum Ortsbeginn von Schmerldorf und hier zur Ortsmitte. Wir gehen nach rechts auf der Straße Richtung Drosendorf bis zum Ortsende. Dort an einer Rechtskurve der Hauptstraße folgen wir links dem nach Meedensdorf führenden kleinen

Der Höhnskeller in Memmelsdorf bietet sich für eine Schlusseinkehr an

Sträßchen. Oben auf der Höhe an einer Kreuzung halten wir uns rechts und erreichen den Ort Meedensdorf. Die Straße von Memmelsdorf nach Schammelsdorf wird überquert. Man kommt zum Kapellenplatz und sieht hier links die Gastwirtschaft Hoh vor sich.

Zum Weiterweg gehen wir vom Kapellenplatz in südlicher Richtung auf der „Sandstraße" weiter. 100 m nach dem Ortsende laufen wir auf einem zunächst geteerten Weg nach rechts. An einer Marter vorbei kommt man zum Wald. Bis zu einer Waldecke geht es am Wald entlang. Dann laufen wir einige Schritte in den Wald hinein und folgen hier dem Weg, der nach rechts bergab zu der bereits sichtbaren Waldstraße hinführt. An der Waldstraße halten wir uns rechts und überqueren einen Bach. Dann steigen wir etwa für 100 m bergan. Ein gut ausgebauter Fußweg führt uns dann nach links in den Wald hinein. Bei einer dreifachen Weggabelung bleiben wir auf dem am stärksten begangenen Weg, der leicht nach rechts zum Ort Memmelsdorf führt. Hier kommen wir zu einem Fuß- und Radweg und zum „ Max-Giggelberg-Weg". Es geht zwischen zwei Hausgrundstücken hindurch. Man gelangt zur „Ringstraße". Auf dieser gehen wir kurz nach links und dann rechts in die „Hans-Gick-Straße". Dann biegen wir nach links in die „Hohensteinstraße" ein und gehen wieder rechts durch die Straße „Am Hohen Kreuz". An deren Ende kommen wir bei einem großen Kreuz zur Meedensdorfer Straße. Auf dieser laufen wir nach links und erreichen bald bergab den Höhnskeller. Wir gehen dann weiter bis zur Kirche an der Hauptstraße. An der Kirchenmauer entlang und nach einer Linkskurve erreichen wir bei den Gasthäusern Höhn und Drei Kronen die Bushaltestelle am Marktplatz.

Variante nach Schloss Seehof: Wenn wir in Memmelsdorf die „Ringstraße" erreicht haben, gehen wir wie beschrieben nach links, bleiben aber dann auf die-

ser, bis wir über einen Bach hinweg – jetzt wieder außerhalb des Ortes – die Straße von Litzendorf nach Memmelsdorf erreichen. Auf dieser laufen wir nach rechts und biegen nach ungefähr 300 m links in einen Feldweg ein, der uns zum Schloss Seehof hinführt. Die Bushaltestelle befindet sich an der entgegengesetzten Seite des Schlossparks an der Straße von Memmelsdorf nach Bamberg.

Schutzengel auf der Friedhofsmauer in Memmelsdorf

Die Biergärten der Wanderung zu Giechburg und Gügelkapelle

1. Gasthaus Gügel
Telefon: 0 95 42-12 21
Öffnungszeiten: Ab 10 Uhr durchgehend geöffnet. Mittwoch ist Ruhetag. Betriebsferien Ende Juli bis 14. August.
Lage: Sehr ruhig und angenehm. Biertische auf befestigter Fläche mit Blick auf die Kirche und am Waldrand unter einer Linde. Im Garten Selbsbedienung. Sonnige und schattige Plätze. Auf einer nahen Wiese Spielplatz (Rutsche, Spielhaus und Schaukel).
Essen und Trinken: An Sonn- und Feiertagen warme Küche, Braten usw. An Werktagen kleine Gerichte wie Bratwürste mit Kraut, Suppen, Brotzeiten (z. B. Schinkenbrot, Käseplatte, Wurst, Ziebeleskäse). Hausgemachter Kuchen.
Biere der Brauerei Schmitt Scheßlitz. Trockener Frankenwein (weiß und rot) zu vernünftigem Preis.

2. Gasthof Hoh Meedensdorf
Telefon: 0 95 05-14 43
Öffnungszeiten: Täglich ab 14 Uhr. Dienstag ist Ruhetag. Zur Kirchweih Mitte Mai warmer Mittagstisch.
Lage: Sehr ruhig in schöner Dorfrandlage. 200 Plätze auf Bierbänken mit Lehne und Biergarnituren unter alten Linden und Kastanien. Teils sonnig, teils schattig. Kinderspielmöglichkeiten. Im rückwärtigen Bereich Tierhaltung (selbst herangezogene Flugenten). Altes Nebengebäude.
Essen und Trinken: Ab 14 Uhr kleinere Karte mit Bratwürsten, Suppen, Brotzeiten (Wurst, Ziebeleskäse). Ab 17 Uhr auch warmes Essen. Sehr gute Kuchen (z. B. Bienenstich, Apfelweinkuchen, Käsekuchen).
Gutes Kellerbier von der Brauerei Hummel, Merkendorf und Pülsbräu Weismain.

3. Höhnskeller Memmelsdorf
Alter, seit etwa 200 Jahren bestehender Bierkeller.
Telefon: 09 51-4 19 31
Öffnungszeiten: Nur in der warmen Jahreszeit (April bis Oktober) an schönen Tagen. Werktags ab 16 Uhr, sonntags ab 15 Uhr geöffnet.
Lage: In der Nähe der – allerdings nicht sehr stark befahrenen – Meedensdorfer Straße gelegen. Im Sommer sehr schattig und angenehm kühl unter mächtigen Linden, Eichen und Kastanien. Rückwärtig auch sonnige Plätze, dort Kinderspielplatz mit Wiese, Sandkasten, Schaukel, Rutsche und Wippe. Kellerhaus mit 30 Sitzplätzen.
Essen und Trinken: Brotzeiten (z. B. kalter Schweinebraten, Sulze) vom Dorfmetzger, Ziebeleskäse, Obatzter, Limburger. Bei gutem Wetter wird manchmal auch gegrillt.
Das Hummel Kellerbier kommt aus dem nahegelegenen Merkendorf, ebenso das Weizenbier. Das Memmelsdorfer Höhnbier wird auf dem Keller nicht ausgeschenkt, sondern nur in dem Gasthaus Höhn. Auch trockene Frankenweine (rot und weiß) und selbstgebrannte Schnäpse.

Weitere Einkehrmöglichkeiten
in Scheßlitz (3 Brauereigasthöfe, ferner Schwanenkeller mit Spezial-Rauchbier aus Bamberg, Samstag Ruhetag), Giech (Burggaststätte) und Memmelsdorf (außer dem Keller noch die Brauereigasthöfe Drei Kronen und Höhn).

12 Zum Heiligen Veit von Staffelstein

Einkehr im Lindenbiergarten am Staffelberg und im Kastanienbiergarten in Prächting

Bad Staffelstein – Staffelberg – Loffeld – Naturfreundehaus am Dornig – Sträublingshof – Dittersbrunn – Prächting – Ebensfeld
Variante: Sträublingshof – Veitskapelle – Zobelberg – Ebensfeld

Die Staffelbergwanderung beginnt in Staffelstein

Wenn wir uns von Staffelstein auf dem interessanten Naturlehrpfad von Nordwesten zum Staffelberg emporarbeiten, liegen vor uns die steilen Felsbastionen („Staffeln") des Bergs. Wir ahnen bereits, welch schöne Aussicht wir ins Maintal haben werden. Wie aus der Vogelschau blicken wir dann auf Staffelstein und Lichtenfels, nach Kloster Banz auf der anderen Mainseite und Vierzehnheiligen. Der Wunsch Viktor v. Scheffels in seinem Staffelberglied „Ich wollt' mir wüchsen Flügel" ist gut zu verstehen. An klaren Tagen schauen wir bis zur Veste Coburg, zum Thüringer Wald und den Höhenzügen um Bamberg. In südlicher Richtung sehen wir unseren Weiterweg hinab ins Lautertal und den Ansberg mit der Veitskapelle, in deren Nähe wir noch vorbeikommen werden.

Ganz anders wirkt der Staffelberg von Süden mit seinem breit hingelagerten Gipfelbereich und dem Kirchlein in der Mitte. So sehen wir ihn nach dem zweiten Anstieg beim Morgenbühl. Es wird dem Betrachter ganz klar, dass der Berg, der nach allen Seiten steil abfällt, sich für eine Besiedlung und Befestigung anbieten musste. Sie erfolgte schon in vorgeschichtlicher Zeit.

Weglänge: 14,5 km (Variante 13 km).
Gehzeit: 4 ½ Stunden (Variante 4 Stunden).
Anfangspunkt: Bahnhof Bad Staffelstein. Bahnstrecke 820 Nürnberg – Bamberg – Lichtenfels. Stündlich eine Regionalbahn und zusätzlich Regionalexpresshalte.
Endpunkt: Bahnhof Ebensfeld. Bahnstrecke wie oben. Stündlich eine Regionalbahn.
Gelände: Etwas Kondition ist nötig, da zum Staffelberg eine Höhendifferenz von 270 m überwunden werden muss und hinter Loffeld ein weiterer Anstieg von 120 m zum Morgenbühl bevorsteht. Meist nicht im Wald. Wegen des Abstiegs vom Staffelberg werden Wanderschuhe mit Profilsohle empfohlen.
Karte: Fritsch Wanderkarte Oberes Maintal/Coburger Land oder Naturpark Fränkische Schweiz Blatt Nord, jeweils 1:50 000, ferner Appelt Wanderkarte Nördliche Fränkische Schweiz/Obermaintal 1:50 000.
Empfohlene Jahreszeit: Nicht an heißen Tagen. Besonders schön in der Zeit von April bis Juni.
Sehenswertes: *Staffelstein:* Viele Fachwerkhäuser, besonders reich ausgestattet ist das 1684 wieder aufgebaute Rathaus mit uhrengeschmücktem Zwerchhaus und Portal mit Wappen des Bamberger Domkapitels.
An der gotischen Pfarrkirche außen das verwitterte Grabmal eines Ritters aus der Zeit nach 1350 und ein barocker Ölberg.
Barockes ehemaliges Amtshaus des Bamberger Domkapitels mit Sandsteinportal.
Staffelberg: Hoch über dem Maintal gelegener Aussichtsberg. Seit dem 5. vorchristlichen Jahrhundert befestigt und zwar im eigentlichen Gipfelbereich (rekonstruierte Wallmauer, derzeit neue Ausgrabungen) und auf der darunterliegenden Hochfläche (Oppidum Menosgada). Wallfahrtskapelle St. Adelgundis von 1653.
Veitskapelle: Auf dem Ansberg bei Dittersbrunn anstelle einer früheren Burg 1719 errichtete kleine Kirche mit schönem Hochaltar von 1724. Die Seitenaltäre sind älter. Umgeben ist die Kapelle von einem Kranz alter Linden, angeblich der größte „Lindenkranz" Europas.

Steil ragt der Staffelberg aus dem Maintal empor

BIERGARTENWANDERUNGEN

Neben der Kapelle auf dem Staffelberg finden wir einen schattigen Biergartens

In der Umwallung auf der weiten Hochfläche unterhalb des Bergs konnte eine gewaltige Menschenmenge Zuflucht finden. Das Obermaintal kann nicht dünn besiedelt gewesen sein.

Auf dem Staffelberg wurde schon in früher Zeit eine Kapelle für die Heilige Adelgundis errichtet. Wie so oft bei Kirchen und Kapellen auf Bergen entwickelte sich auch hier eine Wallfahrt. Nach dem Staffelberglied Scheffels steigen wir „zum Heiligen Veit von Staffelstein" empor, doch ist die dem St. Veit geweihte Kapelle in Wahrheit auf dem benachbarten Ansberg gelegen. Sicher hat Scheffel dies gewusst, doch wäre mit Adelgundis im Text kein brauchbares Versmaß zustande gekommen. Wir können es dem Dichter verzeihen. Nicht geirrt hat Scheffel sich bezüglich des „Einsiedelmanns" auf dem Berg. Ein solcher Eremit lebte dort zur Betreuung der Kirche seit alten Zeiten bis ins 20. Jahrhundert hinein in einem kleinen Häuschen. Man konnte bei ihm etwas gegen den Durst erhalten. Nachdem Scheffels Lied in Deutschland bekannt geworden war, setzte ein wahrer „Tourismusboom" zum Staffelberg ein. Der Klausner war dem Ansturm der hungrigen und durstigen Wanderer nicht mehr gewachsen und musste seine Familie zur Verstärkung holen. Trotzdem kam es zu allen möglichen Beschwerden. Heute gibt es mit der Versorgung der Wanderer mit Speis und Trank bei dem kleinen Gasthaus keine Probleme mehr.

Der Abstieg vom Staffelberg hinunter ins Lautertal ist in jeder Hinsicht interessant. Wie schon beim Anstieg fällt uns der mehrmalige Wechsel von steilem Hangbereich und flachge-

Rückblick von Loffeld zum Staffelberg

neigtem Gelände auf. Dies ist nicht Zufall, sondern Folge des geologischen Aufbaus des Berges mit seinen verschiedenen Gesteinsschichtungen, die unterschiedlich von der Verwitterung angegriffen wurden. Dadurch bildeten sich die Geländeformen heraus, wie wir sie heute sehen. Die oberste Gesteinsschicht bilden die stark zerklüfteten Schwammkalkfelsen. Bergab folgt eine flachere Geländestufe, die von den oberen Mergelkalken gebildet wird. Dann wird im Bereich des harten Werkkalkes das Gelände wieder steil, um in der anschließenden Ornatentonschicht (wegen der wasserstauenden Tonschichten oft quellenreich!) wieder flacher zu werden. Absteigend verlassen wir dann den Bereich des Weißen Jura und gelangen in die Zone des gelblich bis rotbraun gefärbten Eisensandsteins. Der Bewuchs der trockenen Südhänge ist von der Geländeform abhängig. In den Steilstufen ist landwirtschaftliche Nutzung nicht möglich, hier wachsen Kiefern und Buchen, unter denen teilweise Orchideen im Unterholz zu finden sind. In den flacheren Geländebereichen bewundern wir schöne Heckenreihen und dazwischen artenreiche Wiesen, die Anfang April bereits mit Veilchen und Schlüsselblumen bunt gefärbt sind. Später im Juni blühen Blutstorchschnabel, Kartäusernelken, Wiesensalbei und Wildrosenarten. Im unteren Bereich ist es zur Zeit der Obstbaumblüte besonders schön. Auch jenseits des Lautertals beim Anstieg zum Morgenbühl ist die Natur noch weitgehend intakt, auch hier blühen im Mai Apfel- und Birnbäume in großer Zahl.
Zu gemütlicher Einkehr im Freien ist auf dieser Wanderung

Kastanienbiergarten des Gasthauses Hummel in Prächting

reichlich Gelegenheit geboten. Ein schöner Wandertag könnte folgendermaßen aussehen: Man steigt am Vormittag nicht zu spät zum Staffelberg empor. Dort nimmt man auf der schönen Wiese unter den Linden einen Imbiss ein und schaut dann in die Lande. Danach bummelt man gemütlich nach Loffeld hinab und steigt jenseits des Bachs hinauf zum Naturfreundehaus. Eine kleine Erfrischung oder ein Kaffee wird hier gut tun. Dann ist noch die nächste Etappe bis Prächting zu bewältigen, wobei am Weg noch zwei Gaststätten mit kleinen Biergärten berührt werden. In Prächting kann man bei einem guten Landbrauereibier und einer Vesper, eventuell im Mai unter blühenden Kastanien, die Wanderung im wesentlichen ausklingen lassen, denn bis zum Bahnhof Ebensfeld ist es von hier nur noch ein gemütliches Stündchen zu gehen.

Die vorgeschlagene Alternativroute lässt zwar den Biergarten in Prächting aus, ist aber landschaftlich noch reizvoller. Zum einen kommen wir so zu den herrlichen Linden, die die Veitskapelle umrahmen. Sie könnten bereits zur Erbauungszeit der Kirche gepflanzt worden sein. Zum andern erreichen wir dann noch den Zobelberg. Auch wenn dieser „Berg" nur ein kleines Hügelchen ist, so ist die Aussicht von ihm gleichwohl großartig. Nach Nordosten schaut man zur Veitskapelle und zum Staffelberg zurück. Im Süden sieht man die Hankirche oberhalb von Prächting. Nach Westen und Norden bietet sich ein herrlicher Blick ins Maintal mit Ebensfeld, Staffelstein, Lichtenfels, den Eierbergen und den Banzer Bergen mit Kloster Banz. Bei dieser Abwandlung der Tour bietet es sich an, am Schluss noch im Engelhardtskeller einzukehren und dort bei einem Ebensfelder Bier die Wanderung zu beenden.

ZUM HEILIGEN VEIT VON STAFFELSTEIN

Wegbeschreibung

Wenn wir von Bamberg her zum Bahnhof Bad Staffelstein kommen, gehen wir vor diesem rechts auf dem Fußweg am Bahngleis entlang und auf einer kleinen Brücke über den Lauterfluss hinweg. Von rechts kommt ein Fußweg durch die Bahnunterführung. Hier kommen wir heraus, wenn wir von Lichtenfels mit dem Zug ankommen. Wir laufen geradeaus über eine weitere Fußgängerbrücke zu der Grünanlage, die zwischen zwei Armen des Lauterflüsschens liegt. Bei der nächsten Kreuzung der Fußwege gehen wir nach rechts auf einer Fußgängerbrücke über den südlichen Flussarm hinweg und biegen links in den Fußweg ein, der am Flüsschen entlang zur Goethestraße hinführt. Hier geht es ein paar Schritte nach

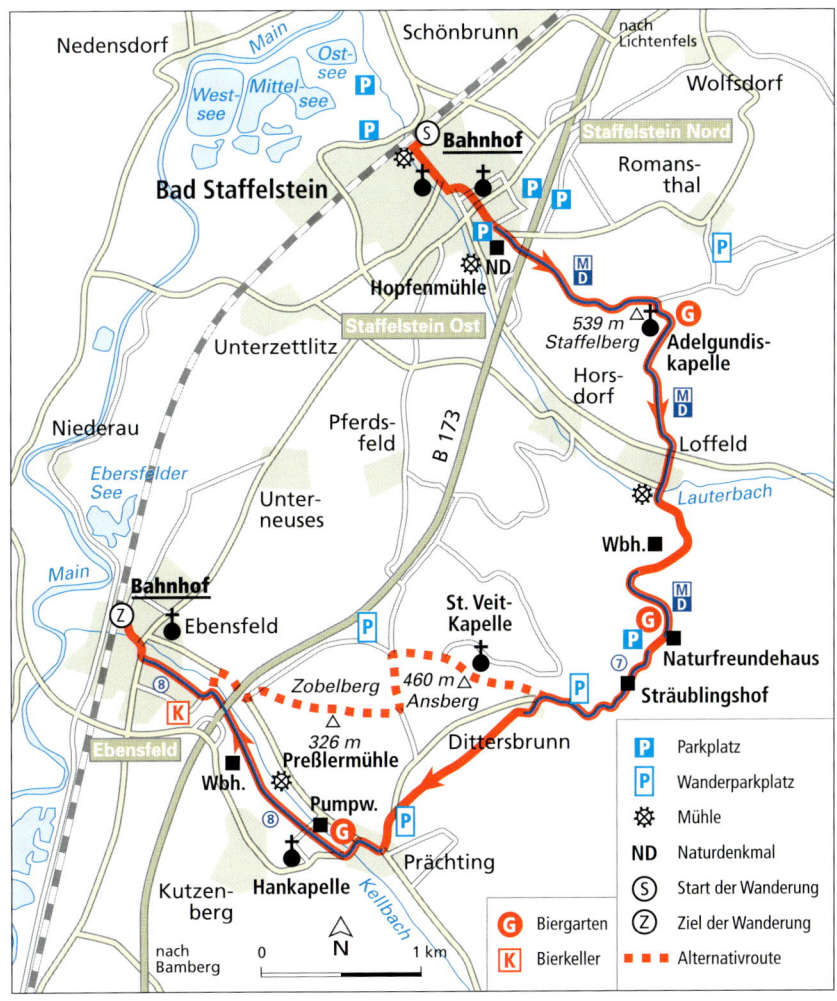

links und dann nach rechts durch die stark befahrene Straße Richtung Stadtmitte. Nach einer Kurve ergeben sich für uns zwei Möglichkeiten: Entweder gehen wir nach links durch die Kirchgasse zur Kirche, um diese herum, am Museum vorbei und durch die Bärengasse zur Lichtenfelser Straße. Oder wir laufen auf unserer Straße weiter bis zum Marktplatz mit dem Adam-Riese-Denkmal und dem Rathaus. In diesem Fall biegen wir an der Ampelanlage nach links ein und gehen am Rathaus vorbei zur Lichtenfelser Straße. Bei dem Barockbau des ehemaligen Amtshauses kommen die beiden Wege wieder zusammen.

Wir laufen noch ein Stück weiter auf der Lichtenfelser Straße und biegen dann rechts in die Viktor-von-Scheffel-Straße ein. In dieser gelangen wir zu einem Parkplatz am Friedhof. Nun wandern wir geradeaus durch den Staffelbergweg und über die B 173 hinweg. Danach beginnt der Anstieg zum Staffelberg. Die Markierungen „M/D" und „blaues M" geleiten uns bis zum Gipfel.

Zum Weiterweg begeben wir uns in Höhe der Kapelle an den südlichen Plateaurand. Hier führt, beginnend an einer Treppe, der „M/D-Weg" Richtung Loffeld hinunter. Nach einem steileren Waldstück geht es auf einem Fußpfad nicht mehr so steil über eine Wiese hinweg. Dann folgt wieder ein steileres Stück. Von rechts kommt ein ziemlich ebener Weg, der „Karlssteig". Diesem folgen wir <u>nicht</u>, sondern gehen eher etwas nach links bergab und wandern auf einem allmählich breiter werdenden Weg auf Loffeld zu. Bei einer barocken Marter kommen wir auf die Zufahrtsstraße der Ortsumgehung Loffeld. Auf dieser laufen wir nach links, gehen unter der Umgehungsstraße durch und in den Ort hinein. Bei der nächsten Kreuzung laufen wir geradeaus und überqueren die Lauter. Nach dem Ortsende macht die kleine Straße eine Kurve nach links. Dort geht bei einem Haus der „M/D"-Weg geradeaus in den Wald hinein und in diesem steil empor. Schöner ist es, auf der kleinen Straße zu bleiben. Im allgemeinen ist der Autoverkehr gering und der Weg durch das Obstbaumgelände reizvoller und nicht so steil. Oben am Morgenbühl kommen die beiden Wege wieder zusammen. Wenige Schritte nach der höchsten Stelle zweigt nach einem geschotterten Wendeplatz links der Fußweg zum Naturfreundehaus am Dornig ab (Hinweisschild). Nach wenigen Minuten wird das Haus erreicht.

Sodann wandern wir auf der kleinen Zufahrtsstraße des Naturfreundehauses hinunter zu der Straße, die wir am Morgenbühl verlassen hatten. Wir gehen links und kommen, nochmals kurz steigend, nach Sträublingshof. Der Ort wird durchschritten. Auf geteerter Straße geht es weiter. Oben an einem Sattel zweigt rechts ein Weg zur Veitskapelle ab. Diesen Weg gehen wir, wenn wir uns für die Variante Veitskapelle entscheiden (siehe unten). Sonst wandern wir weiter auf der Straße bis Dittersbrunn. Im Dorf laufen wir auf der erste Straße links steil hinunter in den unteren Ortsteil. Hier halten wir uns rechts, bis wir in der Höhe der Gastwirtschaft sind. Wir gehen da nach links, an der Gastwirtschaft vorbei, und

Hier zweigt der Weg zur lindenumstandenen Veitskapelle ab

verlassen den Ort auf einer kleinen Teerstraße, der wir immer geradeaus bis Prächting folgen. Bei einem Gemeindehaus mit Türmchen gelangen wir dort zur Straße Ebensfeld-Scheßlitz. Wir gehen nach rechts und laufen durch das Dorf, bis wir am Ortsende zum Gasthof Hummel gelangen.

Zum Weiterweg beschreiten wir den Hummelweg, der bei der Gastwirtschaft von der Ortsdurchfahrt abzweigt. Dieser führt zu einer Dorfstraße am südlichen Ortsrand. Hier gehen wir rechts. Es folgt dann eine Brücke, über die nach links eine kleine Straße zur Hankapelle mit Friedhof führt. Wenn wir diesen kleinen Umweg nicht machen wollen, laufen wir nicht über die Brücke, sondern folgen dem kleinen Sträßchen am Bach entlang. Unser weiterer Weg ist mit der Markierung „8" gekennzeichnet. Nach etwa 350 m wird der Bach überquert. Wir folgen dem Talweg, immer in Bachnähe. Es geht unter der B 173 hindurch, dann noch etwa 200 m weiter und bei der nächsten Kreuzung nach links zum Engelhardtskeller. Von hier müssen wir nur noch ortseinwärts immer geradeaus durch die Kellerstraße, die Obere Mühlgasse, ein Stück Fuß- und Radweg und die Mühlgasse zur Hauptstraße gehen, auf dieser nach rechts einbiegen und dann durch die nächste Straße nach links (Kirchgasse) zur Kirche laufen, um dann nach einem kleinen Rechtsschwenk am Bach entlang die Bahnhofstraße und den Bahnhof zu erreichen (etwa 20 Minuten ab Keller).

Alternativroute Veitskapelle – Zobelberg
Wenn wir diese Route wählen, folgen wir an dem oben erwähnten Sattel vor Dittersbrunn dem Fußweg rechts, der zur Veitskapelle führt. An der Abzweigung steht ein Wegweiser. Bei der Kapelle geht es auf der entgegengesetzten Seite mit einem kleinen Fußsteig weiter. Auf einem Weg mit Geländer und Treppen laufen wir steil hinunter. Ein Waldweg unten wird geradeaus überquert. Unser Weg

wird breiter und führt immer noch leicht bergab zu der kleinen Straße Pferdsfeld – Prächting. Auf dieser laufen wir nach links und erreichen nach etwa 400 m eine Wegkreuzung mit einem Kruzifix. Hier schlagen wir rechts den ziemlich ebenen Weg zum Zobelberg ein (Aussicht!). Dann geht es bergab an einem Schießstand vorbei zur B 173 hin. Nach links haltend erreichen wir die Straße Prächting – Ebensfeld. Wir gehen unter der Brücke durch und etwa 200 m auf der Straße. Alsdann biegen wir links ein und erreichen nach Überquerung des Kellbaches den Engelhardtskeller. Wie oben beschrieben geht es zum Bahnhof

Die Biergärten der Staffelbergwanderung

1. Gasthaus Staffelbergklause
Telefon: 0 95 73-54 37
Öffnungszeiten: In der Zeit von 1. April bis 31. Oktober täglich außer Dienstag durchgehend ab 10 Uhr geöffnet.
Im November ist Betriebsruhe.
In der Zeit von 1. Dezember bis 31. März nur an den Wochenenden offen.
Lage: Sehr ruhig und angenehm. Autoanfahrt nicht möglich. An schönen Sonntagen kann es ab Mittag recht betriebsam werden. Biergarnituren auf der Staffelbergwiese neben der Kapelle (auf der Ostseite und der Westseite) unter schönen Linden und Kastanien. Sonnige und schattige Plätze. Selbstbedienung. Auf der Wiese des Gipfelplateaus viel Platz für Kinder, doch sind die Steilabstürze an den Felsen nicht gesichert!
Essen und Trinken: Bratwürste mit Kraut, Gulaschsuppe, Wienerle. Kassler Rippchen, Rauchfleisch, Presssack, Schinkenbrot, Camembert, guter Quark. Selbstgemachte leckere Kuchen.
Kellerbier und Pils von St. Georgenbräu Buttenheim. Hefeweizen vom Staffelbergbräu Loffeld. Ein trockener Frankenwein.

2. Naturfreundehaus Am Dornig, Sträublingshof 6
Telefon: 0 95 73-65 55
Information: www. naturfreundehaus-amdornig. de
Öffnungszeiten: Täglich ab 10 Uhr durchgehend. Montag und Dienstag sind Ruhetage (wenn ein Feiertag, dann auch an diesen Tagen geöffnet). Betriebsurlaub in den großen Ferien (den genauen Zeitpunkt eventuell telefonisch erfragen!).
Lage: Sehr ruhig an einem bewaldeten Hang. 250 Plätze auf einer Terrasse. Teils Schatten durch Nadel- und Laubbäume, teils sonnig. Teils Tische und Stühle, teils Biergarnituren. Selbstbedienung im Garten.

Essen und Trinken: Durchgehend warme Küche ab 11.30 Uhr. Bestimmte Gerichte wie Schnitzel, Bratwürste, Currywurst immer, andere an bestimmten Tagen (z. B. mittwochs Hähnchen, freitags Matjes). Sonntags Braten und Klöße. Auch Brotzeiten. Kaffee und verschiedene selbstgemachte Kuchen und Torten. Bier vom Pülsbräu Weismain. Große Auswahl an Beerenweinen.

3. Landgasthof Hummel Prächting
Telefon: 0 95 73-30 33
Öffnungszeiten: Montag Ruhetag. Dienstag bis Freitag ab 16 Uhr, Samstag ab 14 Uhr, an Sonn- und Feiertagen ab 10 Uhr geöffnet. Biergartenbetrieb bei schönem Wetter ab 15 bzw. 16 Uhr. Dann wird meist draußen gegrillt und an einem Häuschen Bier und Alkoholfreies ausgeschenkt. Sonst holt man sich im Lokal Getränk und Brotzeit.
Lage: Sehr ruhig hinter der Gastwirtschaft. Vor allem an heißen Tagen angenehm schattig unter alten Kastanien. Auch sonnige Plätze. Biertische und Bierbänke. Kinderspielplatz.
Essen und Trinken: Im Garten Brotzeiten und Gegrilltes. Ungespundetes Lagerbier und Hefeweizen von der Brauerei Wagner Merkendorf.

4. Gastwirtschaft Engelhardtskeller Ebensfeld.
Ein ehemaliger Bierkeller, in dem jetzt auch Übernachtung möglich ist.
Telefon: 0 95 73-15 43
Lage: Ruhig, etwas entfernt von einer wenig befahrenen Straße. Sonnige und schattige Plätze unter zurückgeschnittenen Linden. Biergarnituren, teils auf Naturboden, teils auf Terrasse am Kellerhaus.
Gut ausgestatteter Kinderspielplatz.
Öffnungszeiten: Täglich außer Dienstag (Ruhetag) ab 16 Uhr. An Sonn- und Feiertagen ab 9 Uhr geöffnet.
Essen und Trinken: Durchgehend während der Öffnungszeiten Pfannengerichte (Schnitzel, Steaks), Bratwürste, Kellerplatte, Ziebeleskäse, Grupfter. Sonntags Kaffee und Kuchen.
Bier vom Schwanenbräu Ebensfeld und von der Brauerei Kraus in Hirschaid, beide vom Fass.

Sonstige Einkehrmöglichkeiten
in Staffelstein, Loffeld (Brauereigaststätte, leider ohne Garten), Sträublingshof (Gaststätte Lohneis mit kleinem Garten), Dittersbrunn (Gasthaus „Zum Veitsberg" mit Tischen und Bänken im Hof, Ebensfelder Schwanenbräubier) und Ebensfeld.

BIERGARTENWANDERUNGEN

13 Auf dem Pilgerweg nach Vierzehnheiligen und zur Karolinenhöhe

Bad Staffelstein – Wolfsdorf – Vierzehnheiligen – Mistelfeld – Eiserne Hand – Karolinenhöhe – Bahnhof Michelau.

Weglänge: 14 km.
Gehzeit: 4 ¼ Stunden.
Anfangspunkt: Bahnhof Bad Staffelstein. Bahnstrecke 820 Nürnberg – Bamberg – Lichtenfels. Stündlich eine Regionalbahn und zusätzlich Regionalexpresshalte.
Endpunkt: Bahnhof Michelau. Bahnstrecke 841(nach Lichtenfels) und 850. In Richtung Lichtenfels stündlich ein Regionalbahnhalt, nach Hof und Bayreuth am Wochenende nur alle zwei Stunden.
Gelände: Insgesamt 330 m Anstieg, der sich jedoch auf mehrere Etappen, überwiegend im Wald, verteilt. Insgesamt verlaufen nur 6 km im Wald.
Karte: Fritsch Wanderkarten Oberes Maintal/Coburger Land oder Naturpark Fränkische Schweiz Blatt Nord oder Appelt Wanderkarte Nördliche Fränkische Schweiz/Obermaintal, alle im Maßstab 1:50 000.
Empfohlene Jahreszeit: Nicht an sehr heißen Tagen, sonst zu jeder Jahreszeit schön. An Sonntagen ist vormittags bei Gottesdiensten eine Besichtigung der Kirche in Vierzehnheiligen nicht und an Samstagen bei Trauungen nur eingeschränkt möglich.
Sehenswertes:
Staffelstein: siehe Wanderung 12.
Vierzehnheiligen: Die durch den Bamberger Fürstbischof Friedrich Carl von Schönborn nach Ablehnung anderer Entwürfe an den bambergisch-würzburgischen Baudirektor Balthasar Neumann in Auftrag gegebene Wallfahrtskirche gilt als eine der großartigsten Raumschöpfungen des 18. Jahrhunderts. Der große Gnadenaltar als das zentrale Heiligtum der Wallfahrt steht nicht wie ursprünglich geplant in der Vierung, sondern in einem großen Oval im Längsschiff. Neuartig an dem grandiosen Alterswerk Neumanns ist die Verbindung von geraden Außenmauern mit den bewegten Rundformen mehrerer Ovale, die von flachen Kuppeln überwölbt sind. Reiche Innenausstattung. Zu Einzelheiten befrage man einen Kunstreiseführer, nähere Angaben auch im „Wegweiser Bamberg Stadt und Umgebung" des Heinrichs-Verlags Bamberg.
Mistelfeld: Vor der Kirche schöner gotischer Bildstock mit Kreuzigungsgruppe und Jüngstem Gericht.

Von Staffelstein nach Vierzehnheiligen gehen wir auf dem Pilgerweg. Auch heute noch finden Fußwallfahrten, zum Teil über große Entfernungen, nach Vierzehnheiligen statt, die diesen alten Wallfahrerweg benutzen. An den Wegen zur Basilika findet man viele barocke Bildstöcke, Martern und „Kreuzträger"

Vom Pilgerweg aus bietet sich ein schöner Blick ins Maintal und zum Kloster Banz

(Christus, das Kreuz tragend). So steht hinter Wolfsdorf gleich eine Ansammlung mehrerer Bildstöcke und eines Steinkreuzes unter einer prächtigen Lindengruppe. Oft ist an den Wegen nach Vierzehnheiligen auch der sogenannte „Kinderkranz" mit den 14 Nothelfern, die das Christuskind umstehen, dargestellt. Dies entspricht der Erscheinung eines Schäfers aus Langheim, die zu der Entstehung der Wallfahrt geführt hat.

Der Weg nach Vierzehnheiligen hält für uns großartige Landschaftseindrücke bereit. Zu Beginn laufen wir unter den Hängen des Staffelbergs entlang. Zu Linken grüßt jenseits des Maintals Kloster Banz herüber. Vor uns taucht auf halber Höhe Vierzehnheiligen auf, das mit seiner Kirchenachse und den Türmen auf das schon Jahrzehnte früher von den Brüdern Dientzenhofer erbaute Kloster Banz hin ausgerichtet ist. Die natürliche Szenerie mit den Bergzügen, die zum Staffelberg aufsteigen, der „stromdurchglänzten Au" und der gegenüberliegenden Berghöhe mit dem Kloster Banz auf der Kammlinie, wird als „unvergleichlich" bezeichnet (Reclam Kunstführer Bayern). Erschreckend und unverantwortlich ist es, wenn in diese einmalige Kulturlandschaft neue Verkehrstrassen geplant werden und in der lieblichen Hügellandschaft zwischen Banz und Lichtenfels eine neue Autobahn und eine Schnellbahnstrecke gebaut werden sollen.

Zum ersten Wanderziel ist es von hier nicht mehr weit

Von solchen unerfreulichen Gedanken bewegt, steigen wir nach Vierzehnheiligen empor, lassen uns dort aber doch von dem lichtdurchfluteten Kirchenraum gefangen nehmen. Beim Weiterweg sollten wir auf der Höhe unbedingt den beschriebenen Abstecher zur Hohen Eller einplanen. Während wir am Hinweg Vierzehnheiligen vom Tal her sahen, blicken wir hier von der Höhe hinab zur Basilika, hinter der der Staffelberg aufragt. Jenseits des Mains sehen wir wieder Kloster Banz. Ein einmalig schöner Platz!

Zum Kloster Langheim, von dem aus Vierzehnheiligen gegründet und betreut wurde, kommen wir auf der Wanderung nicht. Von dem einst großen und berühmten Kloster ist ohnedies nur noch ein geringer Teil erhalten. Doch durchschreiten wir hinter Mistelfeld den großen Langheimer Klosterwald und gelangen zu einem früheren Langheimer Gutshof, der Karolinenhöhe. Der Name leitet sich von der bayerischen Königin Caroline, der Gemahlin von Max I. Josef, her, die hier übernachtet hatte und, offenbar nicht unzufrieden, der Gaststätte 1823 das Recht verliehen hat, ihren Namen zu führen. Goethe, der an so vielen Orten übernachtet hat, ist hier ebenfalls abgestiegen. Ob er zufrieden war, ist nicht überliefert. Auch wir können uns im Gasthofgarten vor dem Abstieg zum Bahnhof Michelau noch etwas erholen. Auf der Wanderung hatten wir zuvor schon in Vierzehnheiligen Gelegenheit zur Einkehr und zu einer Probe des fast schwarzen (überaus malzbetonten) „Nothelfertrunks". Zwischenhinein konnten wir in Mistelfeld noch eine ruhige dörfliche Gartenwirtschaft besuchen.

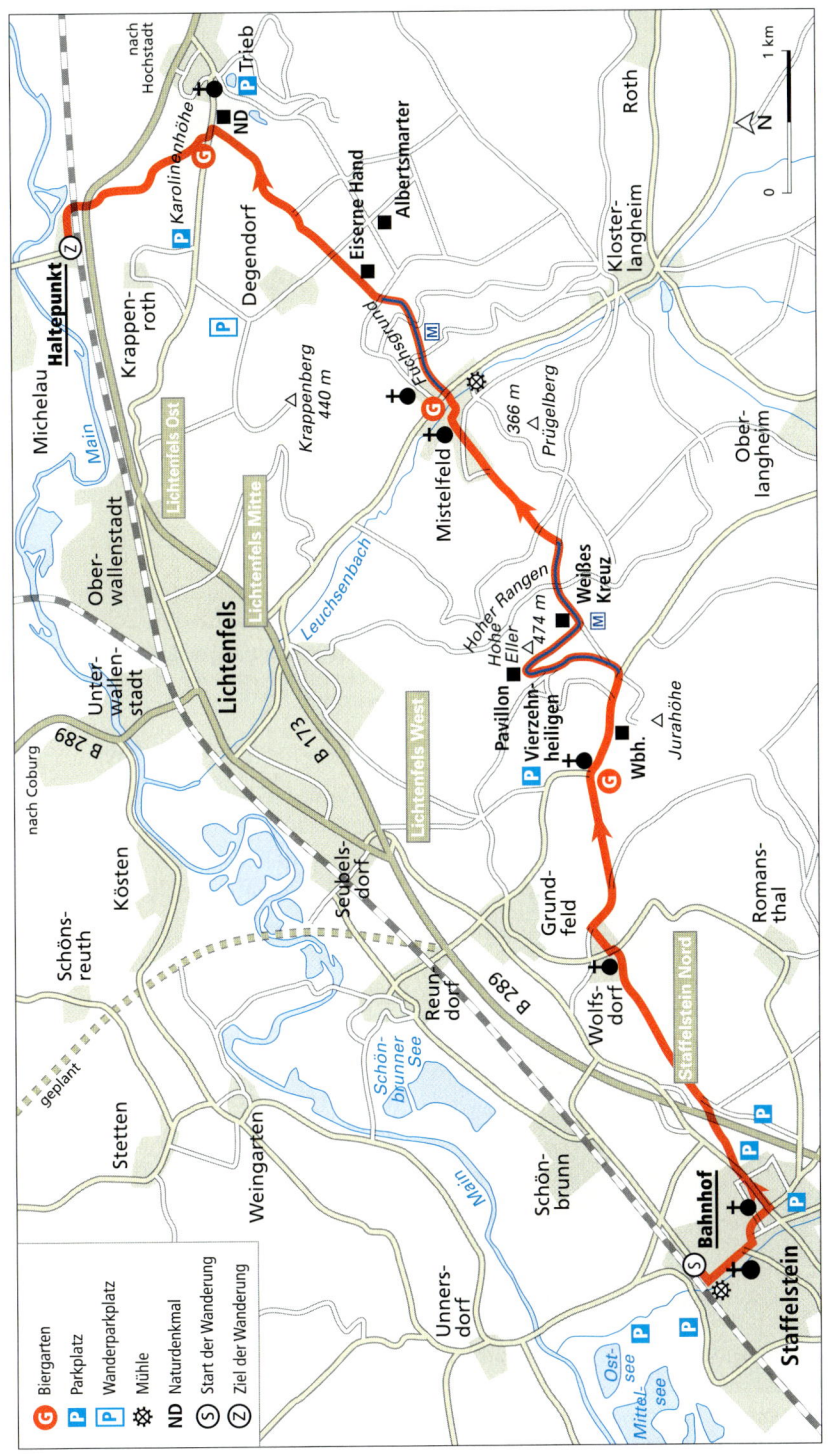

Wegbeschreibung

Vom Bahnhof Bad Staffelstein bis zu dem barocken Amtshaus in der Lichtenfelser Straße laufen wir so, wie dies in der Wanderung Nr. 12 beschrieben wurde. Wir biegen dann allerdings nicht in die Scheffel-Straße ein, sondern gehen in der Lichtenfelser Straße weiter bis zum Ortsende. Nach einer Tankstelle zweigt dort rechts der „Pilgerweg" nach Vierzehnheiligen ab, dem wir folgen. Es geht auf diesem über die A 173 hinweg und an einem Bauernhof vorbei zum Ortsanfang von Wolfsdorf. Hier sehen wir rechts den Wegweiser nach Vierzehnheiligen. Wir folgen dem Kapellenweg und dem Pilgerweg. Nach dem Ort führt eine kleine geteerte Straße nach rechts zu einer schönen Lindengruppe mit einem Kreuz und zwei Bildstöcken. Wir wandern hier nicht nach rechts auf dem Weg mit dem Zeichen „Hase", sondern geradeaus und gehen bei der nächsten Gabelung wieder gerade weiter. Ein kleiner Bach wird überquert. Es folgt ein schöner Aussichtspunkt. Am Wald führt dann ein Treppenweg hinauf nach Vierzehnheiligen.

An den Wallfahrtswegen findet man häufig Bildstöcke mit dem Motiv der 14 Heiligen und dem Jesuskind

Wir gehen an der Brauerei vorbei weiter und folgen der kleinen Straße bergauf (Wegweiser „Ützing"). Wenn wir die Höhe erreicht haben und uns kurz vor dem Waldende befinden, geht links ein kleines ungeteertes Sträßchen weg. Von diesem zweigt sofort nochmals links ein Fußweg in den Wald ab, der mit der Markierung „Blaues M" bezeichnet ist. Dieser Weg führt uns in etwa 10 Minuten zu dem oben erwähnten Aussichtspunkt der „Hohen

Im Garten der Alten Klosterbrauerei sitzt man zu Füßen der Kirchtürme

Eller". Kurz nach der Aussichtsstelle gelangen wir zu einem Pavillon. Wir dürfen hier nicht geradeaus hinabsteigen, sondern machen mit der Markierung M eine Drehung nach rechts und gehen, etwa parallel zu unserem Herweg, in die Richtung zurück, aus der wir kamen. Wir gelangen beim sogenannten „Weißen Kreuz" zu dem befestigten Weg, den wir beim Abbiegen von der Teerstraße bereits berührt haben (wir hätten auf diesem bleiben können, doch dann die Aussicht versäumt!). Wir laufen nun nach links in den Wald hinein und bergab. Nach etwa 10 Minuten sehen wir auf der linken Seite eine Bildsäule und einen Wegweiser nach Mistelfeld. Hier verlassen wir die Waldstraße und folgen dem angezeigten Fußweg im Wald. Bei einem größeren Querweg wandern wir geradeaus und erreichen dann Mistelfeld. Im Dorf gehen wir die Straße bergab, bis eine Treppe zur Kirche empor führt. Zu dieser steigen wir hinauf (Bildstock!) und gehen rechts am Gasthaus Schoberth vorbei. Bei der nächsten Kreuzung halten wir uns links und erreichen im Mühlenweg das Gasthaus Fischer.

Sodann laufen wir geradeaus weiter und erreichen die Hauptstraße von Lichtenfels nach Langheim. Hier müssen wir etwas aufpassen; denn wir folgen nicht dem Wegweiser, der geradeaus einen Weg anzeigt, sondern bleiben bei dem Wanderzeichen „M". Dies bedeutet, dass wir an der Straße nach deren Überquerung einige Meter nach rechts entlang gehen müssen und dann links in einen Hohlweg einzubiegen haben, der uns bergauf zum Wald hinbringt. In diesen geht es gerade hinein und teils auf einem Fußweg, teils auf einer kleinen Forststraße weiter. Diese wird wieder verlassen und man steigt wieder steil bergauf. Bei Weggabelungen folgen wir immer dem „Blauen M".

Auf der Höhe kommen wir zu einem Rastplatz mit Bänken, Pavillon und einem eisernen Wegweiser („Eiserne Hand"). Wir folgen dem Arm des Wegweisers, der in Richtung „Trieb" zeigt. Bei einer Gabelung geht es geradeaus auf grasigem Weg, der zu einer Waldstraße führt. Auf dieser laufen wir weiter, eine Abzweigung nach rechts lassen wir unbeachtet, und kommen ein Stück nach dem Ende des Waldes zum Gasthof Karolinenhöhe.

Zum Weiterweg begeben wir uns am Gasthaus zu den Kastanienbäumen und dem alten Pavillon und laufen

Im Garten des Gasthauses Fischer wird es auch Kindern nicht langweilig

nach rechts über den Wirtschaftshof der Gastwirtschaft. Nach dem Hof geht es in einer Kurve nach links und dann an einem Maisfeld entlang. Der Weg ist als „Rundwanderweg Karolinenhöhe" mit gelben Täfelchen ausgestattet, die allerdings nicht immer vorhanden sind. Der Weg fällt in einem Wäldchen etwas ab und man gelangt nach diesem zu einer Wiese. Dort dürfen wir nicht nach rechts hinuntergehen, sondern laufen am Hang entlang auf das nächste Wäldchen zu. Durch dieses geht es ziemlich eben hindurch und dann über eine Wiese hinweg, immer noch ohne Gefälle, geradeaus auf den nächsten Wald zu. Der Weg wird schwächer und ist am Waldbeginn weitgehend verschwunden. Wir gehen, auch wenn zunächst kein Weg erkennbar ist, geradeaus in den Wald hinein. Links liegt ein steinerner Trog. Im Wald ist gleich wieder ein (holpriger) Weg vorhanden. Auf diesem laufen wir geradeaus weiter. Der Waldpfad fällt dann etwas ab, man kommt zu einem Schotterweg. Dieser führt zur B 173. Etwa gegenüber von der Stelle, an der wir zu der B 173 hinkommen, zweigt die Straße nach Michelau ab. Auf dieser überqueren wir die Bahnlinie und kommen in wenigen Minuten zum Michelauer Bahnhof.

Die Biergärten der Wanderung nach Vierzehnheiligen

Alte Klosterbrauerei Vierzehnheiligen
Telefon: 0 95 71-34 88
Öffnungszeiten: Ab 10 Uhr durchgehend geöffnet. Kein Ruhetag. Keine Betriebsferien. Weihnachten und Neujahr geschlossen.
Lage: Im Eingangsbereich Terrasse und rückwärtig Grasgarten mit Biertischen. Blick zu den Türmen der Kirche. Ruhige Lage. Überwiegend sonnige Plätze. Im Garten Selbstbedienung.
Essen und Trinken: Brotzeiten aus eigener Schlachtung. Käse, manchmal Rettich. Nothelfertrunk (dunkles malzbetontes Bier) sowie Pils vom Fass. Im Spätherbst vor Weihnachten Bockbier. Bierschnaps.

2. Gasthaus Fischer Mistelfeld
Telefon: 0 95 71-27 18
Öffnungszeiten: Täglich ab 9 Uhr durchgehend geöffnet. Mittwoch ist Ruhetag. Betriebsurlaub Ende Oktober und im März.
Lage: Sehr ruhig hinter der Gastwirtschaft neben einer großen Wiese mit Blick zum Kirchturm. Sonnige und schattige Plätze. Große überdachte pavillonartige Holzkonstruktion als Sonnen- und Regenschutz. Auch im Garten wird bedient. Kinderspielmöglichkeiten (z. B. Schaukel).

Essen und Trinken: An Werktagen Hähnchen, Schnitzel, Steaks, Bratwürste, an Sonntagen Braten. Immer Brotzeiten, beispielsweise Presssack, Dosenfleisch, weißer Käse.
Bier vom Pülsbräu Weismain. Vier trockene Frankenweine.

3. Landgasthof Karolinenhöhe
Telefon: 0 95 74-84 95
Öffnungszeiten: Mittags nur an Samstagen sowie Sonn- und Feiertagen geöffnet. Sonst erst ab 17 Uhr. Mittwoch ist Ruhetag.
Betriebsferien: 1 Woche im Juni/Juli.
Lage: Relativ ruhig, Autos parken allerdings ziemlich in der Nähe. Sonnige Plätze vor dem Haus mit schöner Bepflanzung. Schatten unter Sonnenschirmen sowie unter alten Kastanien. Tische und Stühle. Seitlich verglaster Terrassenbereich. Bedienung auch im Garten.
Essen und Trinken: Mittags warme Küche, öfter auch Wild (Reh, Fasan) aus eigener Jagd. Auch hausgemachte Brotzeiten, Sülze, weißer Käse. Selbstgebackenes Brot. Kaffee und Kuchen.
Dunkles Landbier der Brauerei Wichert aus dem nahen Oberwallenstadt, ferner auch Mönchshofbier Kulmbach. Ein trockener Frankenwein.

Gaststätten
ferner in Bad Staffelstein und Michelau (auch in Bahnhofsnähe). In Vierzehnheiligen zwei weitere Gaststätten (auch mit Garten).

Der Gasthof Karolinenhöhe empfiehlt sich für eine letzte Einkehr

BIERGARTENWANDERUNGEN

14 Zum Kordigast, einer Aussichtswarte im Obermaintal

Einkehr im Gasthaus Steinerne Hochzeit

Burgkunstadt – Pfaffendorf – Großer Kordigast – Gasthaus Steinerne Hochzeit – Eulenberg – Hochstadt am Main.

Die Gesteinsformation des Jura mit seinen Schwammkalkablagerungen aus dem urzeitlichen Jurameer erstreckt sich vom Schweizer Jura über die Schwäbische Alb bis zur Fränkischen Schweiz und dem nördlichen Frankenjura. Seine Begrenzung im Norden ist das obere Maintal. Die hier das Tal beherrschenden Randberge bestehen in ihren obersten Schichten aus weißem Juragestein, das bei unserer Wanderung auch in den Äckern („Scherbenäcker") zu sehen ist. Sie stellen prächtige Aussichtskanzeln dar. Es sind dies der Staffelberg (vgl. Wanderung 12), der nicht fern vom Kordigast gelegene Görauer Anger und besonders auch der (Große) Kordigast. Von diesem aus genießen wir ein großartiges Panorama und blicken zum Staffelberg, zu den Banzer Bergen, zur Veste Coburg, zum Thüringer Wald und Frankenwald. Ganz in der Nähe sehen wir das Maintal mit Kulmbach

Weglänge: 16 km.
Gehzeit: 4 ½ Stunden.
Anfangspunkt: Bahnhof Burgkunstadt. Bahnlinie 850 Lichtenfels – Hof. Häufige Zugverbindungen. Nach Lichtenfels zahlreiche Züge von Bamberg und Nürnberg.
Endpunkt: Bahnhof Hochstadt – Marktzeuln (Bahnlinie 850 und 841). Zugverbindungen stündlich nach Lichtenfels und von dort mit guten Anschlüssen nach Bamberg und Nürnberg. In Richtung Hof und Bayreuth am Wochenende nur alle zwei Stunden.
Gelände: Je zur Hälfte Wald und offenes Gelände. Bei der Kordigasteigung sind 230 m Höhe zu überwinden; darüber hinaus noch zwei Anstiege mit je 100 m Höhendifferenz.
Karte: Appelt Wanderkarte Nördliche Fränkische Schweiz /Obermaintal oder Fritsch Wanderkarte Naturpark Fränkische Schweiz Blatt Nord, beide 1:50 000.
Empfohlene Jahreszeit: Besonders schön im Herbst wegen der Laubfärbung. Dann hat man oft auch die beste Aussicht.
Sehenswertes:
Burgkunstadt: Im oberen Ortsbereich prächtiges Fachwerkrathaus und hübscher Marktplatz. Auf der Wanderung wird dieser Ortsteil nicht berührt.
Pfaffendorf: Kirche mit vorzüglichen Barockaltären und einem spätgotischen Bildstock, der ursprünglich außerhalb der Kirche an einer Quelle stand.
Großer Kordigast: Nördlichster Berg des Fränkischen Weißjura mit Kreuz und umfassender Aussicht. Viele Versteinerungen in der Umgebung.
Hochstadt a. Main: Ehemaliges Langheimer Amtshaus, stattlicher Bau mit Abtswappen.

Vor Pfaffendorf sehen wir bereits den Großen und den Kleinen Kordigast

und der Plassenburg. Das nördliche Oberfranken liegt hier zu unseren Füßen.

Nach dem Anstieg und der Ausschau vom Gipfel wird uns eine Rast in der „Steinernen Hochzeit", die wir dann in 15 bis 20 Minuten erreichen, gut tun. Das Gasthaus, ein alter Bauernhof, liegt einsam auf der Jurahochfläche. Die Landwirtschaft mit Schweinehaltung, Hühnern und Gänsen sowie der Bewirtschaftung der Felder wird noch voll ausgeübt, was aber nicht heißt, dass der Betrieb der Gastwirtschaft in den Hintergrund treten würde. Wie in alten Zeiten wird geschlachtet, gewurstet und geräuchert. Der weiße Käse wird angesetzt, das Brot selbst gebacken und es wird sogar gebuttert. Im Herbst wird Obstler gebrannt und am Wochenende Kuchen gebacken. Wo sonst macht man sich noch so viel Mühe? Auch wenn man „nur" eine Brotzeit, etwa von Eiern und geräuchertem Fleisch, erhalten sollte, lohnt es sich in jedem Fall hier einzukehren. Man sitzt im Sommer draußen unter Walnussbäumen, schaut dem Betrieb auf dem Hof zu und fühlt sich einfach wohl.

Woher kommt der eigenartige Name „Steinerne Hochzeit"? Hinter dem Hof erhebt sich der Hügel des Kleinen Kordigast. Dort befindet sich, nur wenige Minuten von dem Gasthaus ent-

Rückblick ins Maintal beim Anstieg zum Kordigast

fernt, eine Felsgruppe mit mehreren unterschiedlich geformten Felsen, die der Volksmund als „Steinerne Hochzeit" bezeichnet. Man kann Bräutigam und Braut erkennen und, wenn man will, auch andere Mitglieder der Hochzeitsgesellschaft, so den dicken Brocken des Schwiegervaters. Hiervon leitet die Wirtschaft ihren originellen Namen ab.

Der Rückweg führt zunächst über die Hochfläche des Jura. Mehrfach kommen wir an interessanten und schönen Wegsäulen und Martern vorbei, die von mächtigen Baumgestalten umrahmt sind. Die Farbenpracht der Bäume und Gehölze im Herbst ist begeisternd. Nachdem wir auf kleinen Fußwegen den Abstieg zur Straße bei Burkheim geschafft haben, müssen wir nochmals einen Anstieg zum Eulenberg bewältigen. Sodann aber geht es angenehm auf guten Wegen (wieder mit Aussicht zur Veste Coburg) nach Hochstadt hinein.

Wenn man die Wanderung in umgekehrter Richtung durchführen würde, hätte man in Burgkunstadt für eine Einkehr drei Brauereigaststätten zur Auswahl, davon eine mit Garten. Aber dann müsste man vom Bahnhof noch ein ganzes Stück weit in den Ort hinein laufen.

ZUM KORDIGAST, EINER AUSSICHTSWARTE IM OBERMAINTAL

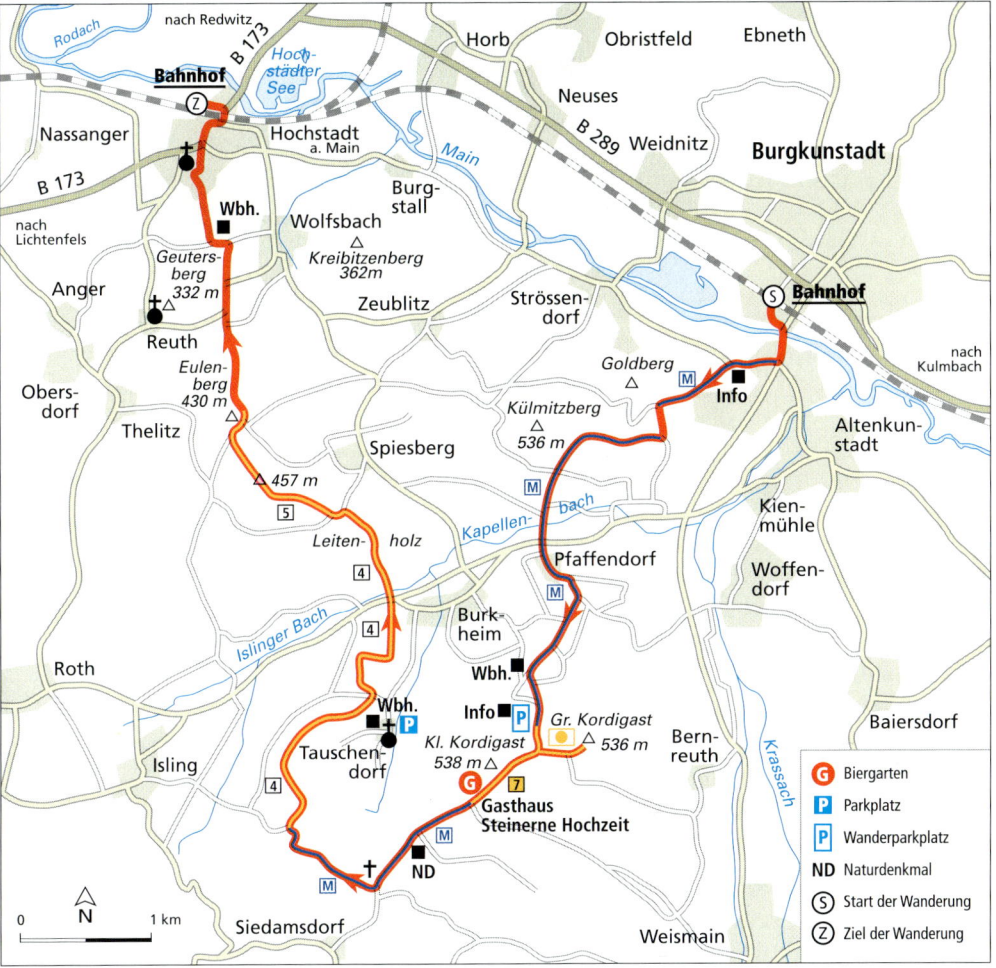

Wegbeschreibung

Beim Bahnhof Burgkunstadt gehen wir in Richtung des Ortes parallel zur Bahnstrecke bis zum Gleisübergang. Hier laufen wir nach rechts ortsauswärts und erblicken bald das Wanderzeichen „Mainwanderweg" (blaues M). An dem Normaparkplatz vorbei kommen wir zur Straße, die nach Weismain führt. Dieser folgen wir nach rechts bis zu einer Kreuzung mit einer Verkehrsampel. Hier halten wir uns rechts (Strössendorfer Straße). Am Ortsende kommen wir zu einem Rastplatz mit drei Linden. Hier geht unser Mainwanderweg nach links in Richtung Wald und in diesen hinein. Etwa fünf Minuten nach Waldbeginn biegen wir nach

Wir nähern uns dem einsam auf der Jurahochfläche gelegenen Gasthaus „Steinerne Hochzeit"

links in einen Fußweg mit den Markierungen 2 und 3 ab. Nach weiteren fünf Minuten kommen wir zu einer kleinen Waldstraße, der wir nach rechts mit dem Zeichen „M" und den Markierungen „1" und „4" folgen. Die Waldstraße steigt leicht an, bei einer Kurve wird sie nach links mit dem Zeichen „M" verlassen. Auf einem Waldpfad geht es gerade hinab, immer der Markierung folgend. Am Waldende finden wir eine Bank mit Blick zum Kordigast. Auf einem Sträßchen gehen wir gerade nach Pfaffendorf hinunter. Die Straße nach Lichtenfels wird überquert und es geht durch das Dorf bergauf. An einem schönen Kreuz laufen wir links vorbei. Die Straße wendet sich noch im Ort leicht nach links. Nach dem Dorfende geht es bei Kreuzungen zweimal nach rechts. Es beginnt dann der eigentliche Anstieg. Wir folgen immer der kleinen Teerstraße Am Waldbeginn geht es mit dem Zeichen „M" auf einem Fußweg links von der Straße weg und steil empor. Es wird dann der Parkplatz des Gasthauses Waldfrieden erreicht. Wir gehen nicht bis zum Gasthaus, sondern bleiben auf der erwähnten Straße, die nun nicht mehr geteert ist. Alsbald verlassen wir diese an der Stelle, an der eine Markierung „roter Punkt" halblinks abgeht. Diese führt bergauf zu einem Querweg; auf diesem wandern wir nach links zum Großen Kordigast.
Für den Weiterweg gehen wir den gleichen Weg mit dem „roten Punkt", auf dem wir gekommen sind, zurück. Bei der Kreuzung des Anstiegswegs mit dem erwähnten Querweg laufen wir geradeaus bis zu der Straße, die wir kurz nach dem Gasthaus Waldfrieden verlassen hatten. Hier geht es nach links aus dem Wald heraus, und wir sehen das Gasthaus Steinerne Hochzeit vor uns.
Nach unserer Rast traben wir auf der Straße geradeaus weiter. Am Ende eines Ackers kann man auf einem Trampelpfad rechts einen Abstecher zu den Felsen der „Steinernen Hochzeit" unternehmen. Unser nächstes Ziel, das wir vor uns

Beim Gasthaus „Steinerne Hochzeit" findet man vor dem Haus sonnige ...

sehen, ist eine interessante Marter bei einer alten Linde. Unsere Markierung ist noch immer das „blaue M". Wir laufen über die Jurahochfläche mit ihren Scherbenäckern. Bei einer weiteren Lindengruppe und einem Wegkreuz müssen wir scharf nach rechts in einen Feldweg einbiegen und gehen bis zum Wald. Dort, bei einer eisernen Kreuzigungsgruppe, führt unser Zeichen „M" in den Wald und es geht leicht bergab an einem Skilift oben vorbei. Wir kommen zu einer Waldwiese und laufen geradeaus am Gehölzrand entlang. Der Weg mit der Markierung „4", den wir beim eisernen Kreuz verlassen haben, kommt von links wieder dazu. Es geht jetzt ein Stück im Wald weiter, dann bei umgestürzten Bäumen nach außen auf die Wiese und wieder ein bisschen in den Wald hinein. Dann

... und gegenüber schattige Plätze unter Walnussbäumen

Im Herbst zeigt sich der Frankenjura in seinen schönsten Farben

kommt die Stelle, wo sich die Markierungen „M" und „4" voneinander trennen. Wir vertrauen uns nunmehr dem Zeichen „4" an, das in etwa rechtwinklig vom „M" abzweigt und an der Wiese entlang verläuft. Wenn wir an deren Ende an einer großen Eiche das Zeichen „4" wieder sehen, sind wir richtig. Nach einem Stück im Wald kommen wir zu einem kleinen runden Kahlschlag. Hier wandern wir links mit der „4" bergab durch einen Hohlweg. Am Waldrand geht es ein Stück gerade weiter, dann führt uns die Markierung nach rechts und auf einem besser ausgebauten Weg wieder nach links. Die Markierungen sind jetzt recht gut. Ein befestigter Weg, der von Tauschendorf herkommt, wird überquert. Nach links laufen wir zu der Waldecke hin, am Waldrand entlang bis zu einer weiteren Waldecke und dort nach rechts. Wir gelangen zu einem ausgetrockneten Bach, dem wir nach links bis zur Autostraße folgen.

Auf der anderen Straßenseite (links eine Feldmarter) geht es geradeaus mit der bisherigen Markierung weiter. Am Wald wird ein Weg nach Thelitz angezeigt. Dort wollen wir <u>nicht</u> hin. Wir steigen vielmehr mit unserem Zeichen „4" auf einem Waldpfad bis zu einer Forststraße. Auf dieser gehen wir mit den Markierungen „4", „5" und „6" weiter bergauf. Alsbald trennen sich die Wege. Wir folgen dem Zeichen „5" und laufen über den Hügel hinweg und wieder hinab. Wo die Wege „4", „6" und „5" sich am Eulenberg wieder vereinigen, geht es in nördlicher Richtung weiter. Bei der nächsten Gabelung bleiben wir links. Alsbald biegt rechts ein Waldweg mit den drei Markierungszahlen ab. Wir bleiben auf der nun unmarkierten Waldstraße und folgen dieser stets in nördlicher Richtung. Nach dem Wald bei einem Wasserhaus laufen wir nochmals geradeaus, dann folgt eine Linkskurve und dann eine Kehre nach rechts. Wir nehmen nunmehr Kurs direkt auf die Kirche von Hochstadt zu. Im Ort halten wir uns beim Gasthaus „Züchterheim" rechts und folgen der Ringstraße bis zur Kirche und dem ehemaligen Amtsschloss. Hier erreichen wir die vielbefahrene B 173. Wir überqueren sie und folgen ihr nach rechts. Auf der Bundesstraße geht nun über die Bahnstrecke hinweg. Gleich nach der Brücke läuft man links hinab und geradeaus zum Bahnhof Hochstadt- Marktzeuln.

Gasthaus Steinerne Hochzeit
Telefon: 0 95 75-13 34
Öffnungszeiten: Am Wochenende ab Mittag geöffnet, Montag bis Mittwoch und Freitag eventuell erst ab 14 Uhr offen. Donnerstag Ruhetag.
Lage: Sehr ruhig, gelegentlich kommt ein Gast mit dem Auto.
Sitzplätze in der Sonne am Haus oder schattig unter Walnussbäumen auf der anderen Seite des Zufahrtsweges.
Essen und Trinken: Brotzeiten: Presssack, Leberwurst, Rauchfleisch, Spiegeleier, weißer Käse, Brot und Butter, alles aus eigener Erzeugung.
An Sonntagen auch warmes Essen, möglichst telefonisch vorbestellen. Sonntags auch selbstgebackener Kuchen.
Bier vom Pülsbräu Weismain, 1 Frankenwein. Obstler aus eigenem Obst gebrannt.

Weitere Gaststätten
in Burgkunstadt (unter anderem Brauereigasthof Hellmuth mit begrüntem Innenhof, in der Oberstadt gelegen, kein Ruhetag) und in Hochstadt.
Bei dem Anstieg zum Kordigast Gasthof Waldfrieden (mit Garten).

BIERGARTENWANDERUNGEN

15

Unterwegs im Herzogtum Coburg

Einkehr im Park von Schloss Rosenau

Mönchröden – Waltersdorf – Oberwohlsbach – Schloss Rosenau – Oeslau – Veste Coburg – Hofgarten – Coburg.

Weglänge: 16 km.
Gehzeit: 4 ¼ Stunden.
Anfangspunkt: Bahnhof Rödental (Bahnstrecke 830 Bamberg – Coburg – Sonneberg); stündliche Zugverbindung.
Endpunkt: Bahnhof Coburg (Bahnstrecke wie oben). Stündlich Regionalbahn und zusätzlich alle zwei Stunden ein Regionalexpress.
Gelände: 350 m Anstieg, auf drei Etappen verteilt, nicht besonders anstrengend. Der Weg verläuft zur Hälfte in offenem Gelände und zur Hälfte im Wald.
Karte: Fritsch Wanderkarte 1:50 000 Oberes Maintal – Coburg.
Empfohlene Jahreszeit: Nicht zu empfehlen für sehr heiße Tage.
Sehenswertes: _Mönchröden_: Ehemaliges Benediktinerkloster mit Refektorium und dem früheren Abtshaus; dieses mit einem schönen Kapellenerker auf starker vom Boden aufsteigender Säule geschmückt.
Schloss und Park Rosenau: Seit 1805 im Besitz des Coburger Herzogshauses. Ab 1810 wurde die frühere Burg der Münzmeister von Rosenau zu einem neugotischen Sommerschloss umgebaut. Landschaftspark im englischen Gartenstil mit Orangerie (heute Glasmuseum), Parkpflegerhaus und Teehaus mit großer Freitreppe (heute Gaststätte), alles aus der Zeit nach 1810. Im Park weiterhin ein Schwanenteich, eine Sonnenuhr und – am Hang zur Itz hin gelegen – eine Eremitage und Felsengrotte.
Veste Coburg: Großartige das Coburger Land überragende Burganlage mit drei-

(weiter auf Seite 117)

Bei dieser Wanderung im Coburger Land bewegen wir uns in einer Region, die erst 1920 zu Bayern und zu Franken gelangt ist. Obwohl das Gebiet südlich des Thüringer Waldes zum Stammesgebiet der Franken gehörte (der Dialekt im Coburger Land ist ein fränkischer mit thüringischen Beimengungen), gelangte das Coburger Gebiet schon 1353 durch Erbfolge an das sächsische Herrscherhaus der Wettiner. Residenz einer ernestinischen Linie der Wettiner (die albertinische Linie regierte in Dresden, sie erlangte 1547 die Kurwürde und 1806 die Königswürde) wurde Coburg im 16. Jahrhundert. In der ernestinischen Linie gab es zahlreiche Erbteilungen und Gebietsveränderungen. Es entstanden dadurch kleine und kleinste Fürstentümer. Den thüringisch-sächsischen Regenten gelang es erstaunlicherweise ihre Miniaturstaaten über die Napoleonszeit, den Wiener Kongress und die Gründung des Deutschen Reichs hinwegzuretten. So war Coburg (zuletzt mit dem weit entfernten Gotha verbunden) bis 1918 ein selbständiger Teilstaat im Deutschen Reich. Nachdem der letzte regierende Herzog Carl Eduard abgedankt hatte, wurde Coburg Freistaat und entschied sich 1920 im Weg der Volksabstimmung für den Anschluss an Bayern.

Unsere Wanderung beginnt in Mönchröden, das mit Oeslau zur Gemeinde Rödental vereinigt wurde. Wenn wir Zeit haben unternehmen wir einen Abstecher ins hochgelegene Dorf zum früheren Kloster. Durch den großen Mönchrödener Forst erreichen wir bei Waltersdorf den Itzgrund. Der Itz folgend kommen wir nach Oberwohlsbach. Im Gasthof Lauterburgbräu können wir recht gut und volkstümlich einkehren und uns an selbstgebrautem Bier laben. Dann gelangen wir bald zu unserem ersten Residenzschloss, der Rosenau, die uns in die Welt des Hochadels im frühen 19. Jahrhundert versetzt. Albert, der Bruder des später regierenden Herzogs Ernst II. , ist hier geboren. Albert heiratete die berühmte Victoria, Königin von England. Beide waren auf der Rosenau öfter zu Besuch und es ist überliefert, dass die Königin Schloss Rosenau sehr geliebt hat.

In dem ehemaligen Teehaus, in dem sicher auch Victoria und Albert Tee getrunken haben, können wir auf der Parkterrasse recht fürstlich zu Mittag speisen oder, wie es die Coburger gerne tun, den Tee einnehmen und ein Stück Torte essen.

Durch den Bausenbergwald erreichen wir die wehrhafte Veste Coburg. Wir sollten ihre Innenhöfe und vielleicht auch ihre Sammlungen besuchen und ganz oben bei den Kanonen in einem Auslugtürmchen den Blick ins Rödental auf unsere Wanderstrecke und zum Thüringer Wald hin nicht versäumen.

fachem Mauerring und Bastionen aus dem 16. Jahrhundert („Fränkische Krone"). Im 19. Jahrh. Umbauten durch Heideloff und Rothbart im neugotischen Stil, die Anfang des 20. Jahrh. durch den Burgenbaumeister Bodo Ebhard teilweise wieder beseitigt wurden. Nur der blaue Turm ist in seinem Kern hochmittelalterlich. Dieser und das „Hohe Haus" mit spätgotischen Fenstern und Ecktürmchen geben noch am besten einen Eindruck von der mittelalterlichen Burganlage. Der Rote Turm und der Bulgarenturm wurden im 19./20. Jahrh. hinzugefügt. Vor dem Hohen Haus eine schöne Renaissancezisterne. Wertvolle Kunstsammlungen des Coburger Herzoghauses. In der Hohen Kemenate das großartige Jagdzimmer (Hornstube). Besichtigung der Sammlungen und Räume ist möglich.

Coburg: Neben mittelalterlichen Bauten, so der im Kern gotischen St. Morizkirche und den drei erhaltenen großen Toren der Stadtbefestigung sowie der spätgotischen Hofapotheke am Markt wird das Stadtbild geprägt von Bauten im Renaissancestil, die vor allem durch den Herzog Johann Casimir(1586 – 1633) und seinen Architekten Peter Sengelaub errichtet wurden: Am Marktplatz die ehemalige Regierungskanzlei (heute „Stadthaus") mit ihren großartigen Erkern (die farbige Bemalung versucht den früheren Zustand der Erbauungszeit wiederherzustellen), das Gymnasium Casimirianum mit dem Standbild des Herzogs, zum Teil das Stadtschloss Ehrenburg und schließlich das Zeughaus und die Ratstrinkstube (heute Amt für Tourismus) in der Herrngasse.

Bei der Ehrenburg ist die Bautätigkeit Johann Casimirs am besten im Ostteil (zur Steingasse hin) erkennbar, in dem sich auch der älteste der „Coburger Erker" befindet. Im Innern ist vor allem der „Riesensaal" sehenswert (Besichtigung möglich). Der Westteil der Residenz wurde später zum heutigen Schlossplatz hin geöffnet. Nach Plänen von Schinkel wurden im romantischen Stil die dort befindlichen Gebäude mit neugotischen Formen verkleidet. An den Ehrenhof und den Schlossplatz schließen sich die „Arkaden" (ehemals Hauptwache), das ehemalige Hoftheater (heute Coburger Landestheater) und zwischen Arkaden und Veste der Landschaftspark des Hofgartens an (siehe unten: „Das besondere Thema").

Durch den Hofgartenpark erreichen wir die Stadt in der Nähe der Ehrenburg, die seit 1549 Stadtresidenz der Coburger Herzöge war. Zum Bahnhof ist es dann nicht mehr weit.

Das Parkrestaurant Rosenau war früher das herzogliche Teehaus

Wegbeschreibung

Vom Bahnhof Mönchröden gehen wir zur Hauptstraße (Mönchrödener Straße) und nach links. Bei der Fußgängerampel wird die Straße überquert. Wenige Schritte weiter biegen wir nach rechts in den Rießberg ein. Wir steigen bergauf. Weiter oben heißt die Straße dann Hirtenrieß. Nach den letzten Häusern laufen wir geradeaus in den Wald hinein. Bei der ersten Abzweigung einer Waldstraße nach rechts gehen wir noch geradeaus weiter. Nach weiteren 400 Metern müssen wir scharf nach rechts einbiegen. Die Waldstraße schwenkt alsbald wieder nach links und verläuft in nördlicher Richtung. Etwa 400 Meter nach der Kurve gehen wir geradeaus, ebenso noch mal nach weiteren 200 Metern. Wenige Meter nach der zweiten Wegkreuzung macht die Waldstraße eine leichte Kehre nach links. Direkt an der Kurve führt geradeaus ein kleiner Waldweg leicht bergan, dem wir uns anvertrauen. Er ist mit Gras bewachsen und wird dann zu einem schmalen Pfad, der durch Erlengebüsch hindurchführt. Danach wird er wieder etwas breiter. Unsere Himmelsrichtung ist Nordwest. Dann stoßen wir wieder auf eine Forststraße; es ist die gleiche, die wir an der Linkskurve verlassen haben (wir hätten auch auf dieser bleiben können, doch ist der beschriebene Weg etwas kürzer und schöner). Auf der nunmehr erreichten Straße laufen wir für knapp 50 Meter nach rechts und folgen dann einer Waldstraße, die rechtwinklig nach links abbiegt. Diese führt uns durch den Höllgrund nach Waltersdorf.

Auf der dort erreichten Autostraße laufen wir im Ort nach rechts und biegen nach ungefähr 100 Metern nach links ein (Zeichen: Radweg). Auf einer geteerten Straße geht es zur Itz hinunter. Nach der Brücke folgen wir dem Radweg, der im Tal entlang verläuft. Nach knapp 1 km führt der Radweg nach links zum Fluss hin. Hier gehen wir nicht hin, sondern folgen dem breiteren Weg, der mit einer Kurve nach rechts im Wald den Hang emporsteigt. Oben stoßen wir auf ein Waldsträßchen, dem wir nach links folgen. Wir erreichen Oberwohlsbach und laufen die Straße in Richtung Ortsmitte hinunter. Unten bei einem roten Backsteinhaus verlassen wir die Ortsstraße (links geht es in Richtung Gastwirtschaft) und gehen

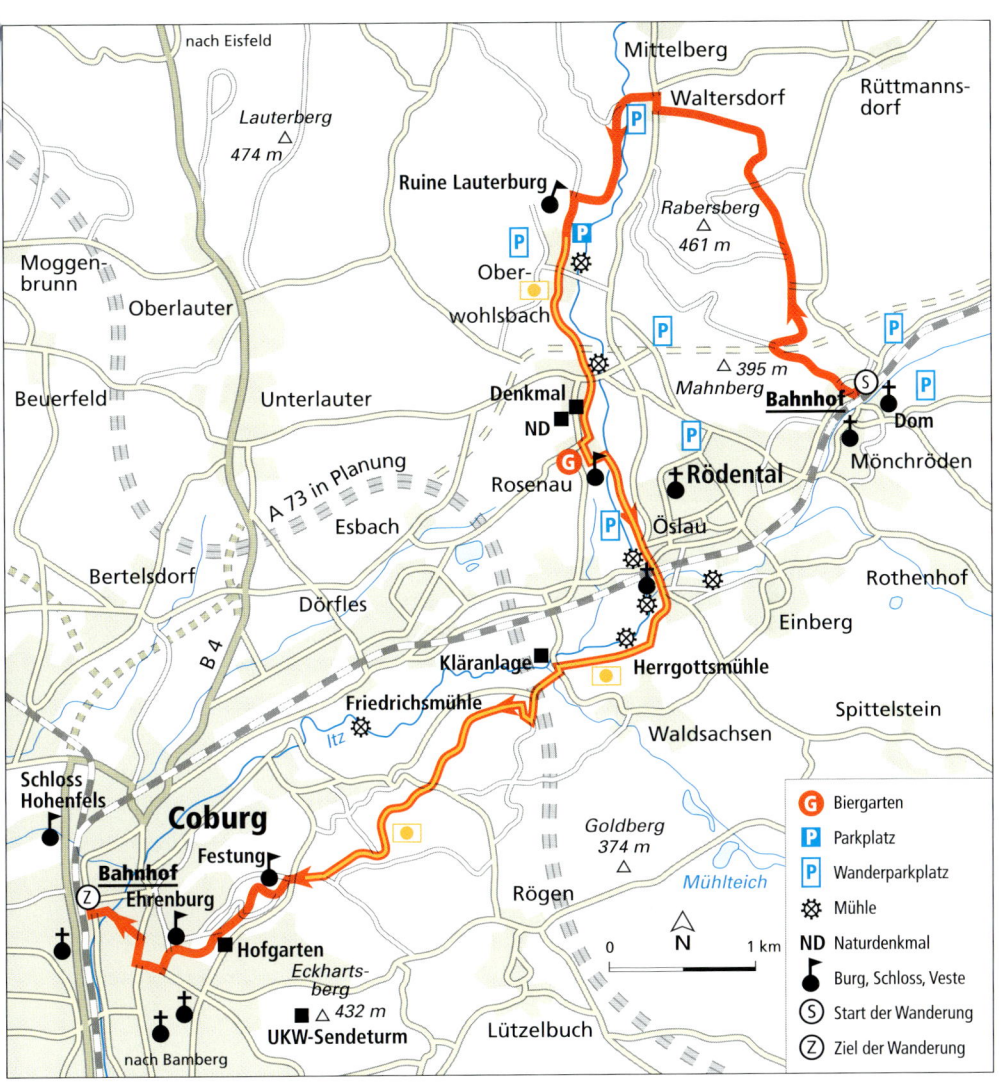

geradeaus auf einem Fußweg weiter. Wir folgen jetzt der Markierung „Roter Punkt auf weißem Feld". Der Weg führt um einen Garten herum und dann an einer Streuobstwiese entlang nach Unterwohlsbach. Die Dorfstraße dort geleitet uns zu einer größeren Straße hin, die bei einer Gastwirtschaft überquert wird. Es geht weiter in der Rosenauerstraße. Wir erreichen alsbald den Schlosspark Rosenau. Wenn wir zuerst das Schloss besuchen wollen, laufen wir am Beginn des Parks nach links auf einem Fußweg an der Sonnenuhr vorbei. Wenn wir aber gleich zur Gaststätte gehen wollen, begeben wir uns am Parkbeginn nach rechts und erreichen am Schwanenteich vorbei in Kürze die Einkehrstätte.
Zum Rückweg gehen wir zunächst zu Nebengebäuden (dort WC) des Schlos-

Die Veste Coburg überragt weithin sichtbar das ganze Coburger Land

ses, dort etwas hinauf zu einem kleinen Garten mit Brunnen und laufen am Schloss entlang zur Schlossterrasse. Dort gehen wir links weiter. Ein Wegweiser zeigt hier in Richtung Eremitage und Grotte. Auf einer Treppe steigen wir hinunter zur Itz. Hier gehen wir nach rechts und folgen dem Wiesenweg, wieder mit der Markierung „Roter Punkt", bis nach Oeslau. Wir erreichen den Ort bei der vielbefahrenen Coburger Straße. Wir gehen hinüber auf die andere Straßenseite und kommen, etwas nach links gehend, zum Gasthof Grosch. Hier überqueren wir das Bahngleis. Es geht an der Kirche vorbei, über die Itz hinweg und im Mühlweg weiter. Vom Mühlweg zweigt gleich links die Straße Höhenleite ab, der wir folgen. Ein Schild weist auf den Weg zur Veste Coburg hin. Am Ende der Straße führt ein Fußpfad weiter. Auf diesem steigen wir dann über eine Treppe hinauf zur Anhöhe, wo sich eine Sitzgruppe befindet. Wir wandern am Waldrand weiter. Unsere Markierung ist immer noch der „Rote Punkt". Er führt zur Straße Dörfles – Waldsachsen. Von dort geht es auf einer für den Kfz-Verkehr gesperrten Straße weiter. Diese führt uns zum Wald. Wir bleiben immer unserer Markierung „Roter Punkt" treu. Die Straße Cortendorf – Rögen wird überquert und wir erreichen auf unserer Waldstraße ein Forsthaus. Hier geht es in 5 Minuten geradeaus zum Parkplatz an der Veste Coburg.

Der Weg zur Stadt führt durch den Hofgarten. Vom äußeren (barocken) Tor der Veste neben der Burgschänke führt ein Treppenweg Richtung Stadt. Man gelangt zu einem ebenen Weg, der überquert wird. Es geht dann ein paar weitere Treppen hinunter, dann kommt eine Weggabelung. Hier folgen wir dem linken Treppenweg. Ein breiter Hauptweg des Hofgartens wird erreicht. Wir überqueren ihn und gelangen zu einem offenen Tal („Veilchental"). Wir laufen geradeaus weiter und sehen links das Mausoleum von Franz Friedrich Anton. Von hier gehen wir weiter zu einem Spielplatz und erreichen den „Kleinen Rosengarten". An diesem laufen wir entlang oder durchqueren die kleine Anlage und kommen oberhalb des Schlossplatzes heraus. Hier sehen wir bereits die Ehrenburg unten liegen, die wir rechts oder links über die Treppenwege der „Arkaden" und den Schlossplatz erreichen. Nach der Durchquerung der beiden Höfe des Schlosses kommen wir auf der anderen Seite in die Steingasse und gehen nach rechts zum Marktplatz. Am Stadthaus vorbei durch die Fußgängerzone erreichen wir das Spitaltor und folgen dann links der breiten Mohrenstraße zum Bahnhof.

Parkrestaurant Rosenau
Telefon: 09563 – 1242
Öffnungszeiten: Durchgehend ab 11.30 Uhr geöffnet. Ruhetag ist der Montag.
Lage: Sehr ruhig zwischen dem herzoglichen Teehaus und einer Parkwiese. Gedeckte Tische auf Kiesunterlage nahe dem Teehaus. Anschließend nicht gedeckte Tische auf Plattenbelag.
Teils sonnig, teils Baumschatten von zwei alten Eichen.
Essen und Trinken: Reichhaltiges Speiseangebot, nicht unbedingt fränkisch ausgerichtet. Preismäßig etwas angehoben. Auch kleinere Gerichte, wie Pastetchen, geräucherte Forelle. Kulmbacher Reichelbräubier. Größere Weinkarte, auch trockene Frankenweine. Gute Kuchen- und Tortenauswahl.

Weitere Einkehrmöglichkeiten
In Mönchröden, Oberwohlsbach (Gasthof Lauterburgbräu mit Terrasse und selbstgebrautem Bier, Dienstag Ruhetag), Unterwohlsbach, Oeslau, Veste Coburg (Burgschänke mit großer Terrasse, kein Ruhetag) und Coburg (z. B. Biergarten im schönen „Josiasgarten" , zu erreichen vom Spitaltor durch die Gasse nach rechts in wenigen Schritten).

Das besondere Thema:
Die Coburger Herzöge und der Hofgarten

Im 17. und vor allem im 18. Jahrhundert wurde es üblich, dass regierende Fürsten ihre Residenzstädte nicht nur mit Schlossbauten schmückten, sondern auch neue Gärten um ihre Residenzen in der Stadt und auf dem Land (z. B. Seehof, vgl. Wanderung 11) anlegten. Dem Wunsch in dieser Weise zu repräsentieren, erlagen fast alle regierenden Herrscher, ob es sich nun um den Kurfürsten von Bayern, einen Fürstbischof oder nur um den Regenten eines Ministaats handelte. Diese Hofgärten, die seinerzeit als Luxus und Verschwendung erscheinen mussten, heute aber unsere Städte außerordentlich bereichern, wurden zumeist in der Barockzeit im

Im Coburger Hofgarten gibt es romantische Ecken

französischen Stil nach dem großen Vorbild von Versailles in geometrischen Formen mit abgezirkelten Rabatten und Bordüren angelegt. Erst später, als sich im 19. Jahrhundert der Geschmack wandelte, erfolgte vielfach die Umwandlung in den „natürlichen" englischen Gartenstil.

Bei dem Hofgarten von Coburg war alles etwas anders. Das 18. Jahrhundert war hier eine Zeit der Stagnation. Neue Bauten wurden in der Barockzeit in Coburg praktisch nicht errichtet und einen – allein für den Hofstaat bestimmten – Garten gab es nur in kleinen Ansätzen. Erst das 19. Jahrhundert unter den Herzögen Ernst I. und Ernst II. brachte neuen Aufschwung. Die Ehrenburg wurde umgestaltet, das große Rondell des Schlossplatzes angelegt und gegen den Hang mit einer großen Stützmauer („Arkaden") geschlossen. Das Gelände zwischen den Arkaden und der alten Veste, das Garten- und Weinbaugelände war, wurde durch die Herzöge Ernst I. und Ernst II. (sein Reiterdenkmal steht im Hofgarten), erworben. In der Zeit bis 1860 wurde sodann der Hofgarten in seiner heutigen Form angelegt, wie nicht anders zu erwarten im „romantischen" englischen Landschaftsstil. Was ihn von anderen höfischen Parkanlagen unterscheidet und auszeichnet, ist zum einen seine Größe und zum anderen die Tatsache, dass er nicht ein Stadtschloss umgibt, sondern frei in die weite Wiesen- und Hanglandschaft zwischen Stadt und Veste hinein gestaltet wurde.

Hans Max von Aufseß schreibt in seinem 1970 erschienenen Buch „Fränkische Städte" über den Coburger Hofgarten: „Mit der fürstlichen und demokratischen

Tat, ein Spaziergelände zu schaffen, haben die Herzöge sich in die Herzen der Coburger eingeschrieben. Im Hofgarten wird der Coburger in frühester Jugend mit Tauben, Blumen, Baumriesen und plätschernden Brunnen vertraut. Auf einladenden Nebenwegen werden die Küsse der ersten Liebe getauscht. Im winterlichen Abendlicht glühen über den Skiläufern und Rodlern die Mauern und Türme der Veste wie Bergzinnen auf, und vom ersten Frühjahr bis zum späten Herbst messen die Alternden am 150 m hohen Vesteberg ihre Kräfte, dankbar, dass sie in solcher Nähe so viel Schönheit auffinden".

Hieran hat sich bis heute nicht viel geändert. Neben den Baumriesen und plätschernden Brunnen des Hofgartens könnte man noch das in der Form eines ägyptischen Tempelchens erbaute Mausoleum von Franz Friedrich Anton, einem toleranten und menschenfreundlichen Herrscher, und seiner Gemahlin Auguste von Reuß-Ebersdorf erwähnen, das Ernst I. im Jahr 1816 für seine Eltern errichten ließ. Deren Ehe war mit neun Kindern gesegnet. Durch geschickte Heiratspolitik gelangten Coburger Prinzessinnen und Prinzen auf die meisten europäischen Throne, so auf die von Russland, Großbritannien, Schweden, Rumänien, Bulgarien, Spanien, Belgien (Prinz Leopold wurde der erste belgische König) und Portugal. Auch leben die Nachfahren des letzten regierenden Herzogs Carl Eduard, der 1905 nach dem Aussterben der direkten Coburger Herzogslinie aus England „rückimportiert" wurde, noch in Coburg, sodass es gar nicht ausgeschlossen ist, dass man bei einem Gang durch Coburg altem europäischen Hochadel begegnet.

In diesem Mausoleum ruhen die Vorfahren zahlreicher gekrönter Häupter

BIERGARTENWANDERUNGEN

16 Täler und Mühlen im Frankenwald

Vom Pressecker Knock zur Kleinrehmühle

Presseck – Pressecker Knock – Trottenreuth – Petersmühle – Grafengehaig – Guttenberger Hammer – Kleinrehmühle – Hübnersmühle – Papiermühle – Schlackenmühle – Presseck.

Unser Ausflug führt uns in den südlichen Frankenwald, der hier nicht so dicht bewaldet ist, wie in seinen nördlichen, an den Thüringer Wald angrenzenden Bereichen. Die Landschaft ist hier vielgestaltiger durch den Wechsel von unbewaldeten Höhen mit Dörfern und Einzelgehöften, waldreichen Hängen und tief eingeschnittenen Tälern mit rauschenden Bächen. In den Bachgründen florierte das Mühlengewerbe (vgl. hierzu unten: „Das besondere Thema"). Auf unserer Wanderung kommen wir zu vier Mühlen und einem Eisenhammer, in dem Werkzeuge geschmiedet wurden. Nur dieser, der Guttenberger Hammer, ist heute noch in Betrieb, auch wenn die Mühlräder durch Turbinen ersetzt sind. Die Mühlen mahlen längst nicht mehr, sie sind, wenn sie nicht wie die Petersmühle bereits verfallen sind, in Wohnhäuser umgewandelt oder dienen Wochenendzwecken.

Weglänge: 17 km.
Gehzeit: 4 1/2 bis 5 Stunden.
Anfangspunkt: Presseck Ortsmitte. Buslinien 8352 und 8353 ab Kulmbach. Abfahrt Montag bis Freitag in Kulmbach um 10.00 und 10.40 Uhr am Busbahnhof (4 Minuten vom Bahnhof). Kulmbach liegt an der Bahnstrecke 850 Lichtenfels-Hof. An Samstagen, Sonn- und Feiertagen ab Kulmbach um 10.00 Uhr, nur in der Zeit vom 1. Mai bis 3. Oktober 2003. Der Bus nimmt auch Fahrräder mit.
Endpunkt: Wie Anfangspunkt. Rückfahrt von Montag bis Freitag um 16.44, 17.40 und 18.10 Uhr. Rückfahrt an Samstagen, Sonn- und Feiertagen in der Zeit vom 1. Mai bis 3. Oktober 2003 um 16.13 Uhr und 19.13 Uhr.
Gelände: Mehrere Anstiege (zusammen 400 Höhenmeter), überwiegend im Wald.
Empfohlene Jahreszeit: Auch im Hochsommer, da im Frankenwald (und Fichtelgebirge) nicht mit so hohen Temperaturen zu rechnen ist wie im übrigen Franken.
Karte: Fritsch Wanderkarte 1:50 000 Naturpark Frankenwald.
Sehenswert: *Presseck:* Alte Siedlung auf der Frankenwaldhöhe (642 m). Kirche mit bedeutenden Wandmalereien, im Chor Beweinung Christi, Jüngstes Gericht und Christophorus (um 1500). An den Wänden die zwölf Apostel, an der Holztonnendecke biblische Szenen (um 1650).
Pressecker Knock: Aussichtsturm (geöffnet) mit herrlicher Aussicht über den Frankenwald und, wenn nicht zu dunstig, bis zum Fichtelgebirge.
Grafengehaig: Spätgotische Wehrkirche mit malerischem Eingangstor und Wehrturm.

In der Nähe der Schlackenmühle kommen wir beim Hin- und Rückweg vorbei

Die Kleinrehmühle hat sich zu einer hübschen Gastwirtschaft entwickelt. Ihr Garten ist das Ziel dieser Wanderung. Einsam am Kleinen Rehbach gelegen, nur über eine wenig befahrene Straße erreichbar, weist das Gasthaus und vor allem sein Garten noch viel nostalgischen Charme auf. Ideal ist die Einkehrstätte für Familien mit Kindern. Während die Erwachsenen sich bei einer Brotzeit oder mit etwas Glück bei einer frisch geräucherten Forelle stärken – die Kosten belasten den Familienetat nicht zu stark – gibt es für die Kinder viele Möglichkeiten zum Spielen, zum Herumstromern im Wald und zum Kennenlernen aller nur denkbaren Arten von Haustieren und Wasservögeln auf dem Teich. Auch ein nachgebautes Mühlwerk kann man bestaunen.

Der Hinweg zur Kleinrehmühle wie auch der Rückweg beansprucht bei flottem Gehen jeweils reichlich 2 Stunden. Pausen sind dabei nicht mitgerechnet. Mit Kindern braucht man sowieso einige Zeit mehr. Etwas Wanderübung und körperliche Kondition sollten bei den Jungwanderern für die 17-km-Tour schon vorhanden sein. Doch wenn dies gewährleistet ist, werden auch sie viel Freude an der Wanderung haben, denn der Weg ist alles andere als langweilig. Am Hinweg lockt der Aussichtsturm am Pressecker Knock und es geht ein Stück auf dem Mühlenweg entlang, bevor noch mal ein Berg erstiegen werden muss. Der Rückweg führt zum größten Teil durch Bachgründe mit vielen Spielmöglichkeiten. Vom Tal des Kleinen Rehbachs gelangen wir zum Großen Rehbach, den wir kurz vor der Neumühle (ab hier heißt das Flüsschen Steinach) wieder verlassen,

Rückblick bei der Grafengehaiger Anhöhe nach Trottenreuth und zum Pressecker Knock

um dann dem Rauschenbach und dem Lautengrund zu folgen. Die dabei immer wieder erreichten Mühlen sorgen für Abwechslung. Mit etwas Wetterglück (der Frankenwald gehört wie das Fichtelgebirge zu den niederschlagsreichsten Gegenden Frankens!) müsste ein allseits zufriedenstellender Abschluss des Tagesausflugs in Presseck gewährleistet sein.

Wegbeschreibung

Von der Bushaltestelle in der Ortsmitte Pressecks folgen wir zunächst der Hauptstraße Richtung Heinersreuth ungefähr bis zum Ende der bebauten Ortslage. Halbrechts befindet sich hier ein Lebensmittelladen. Wir halten uns hier rechts, folgen aber nicht der Trottenreutherstraße, sondern gehen gleich links in die Wohnstraße, die in östlicher Richtung bergauf führt. Bei Querstraßen laufen wir geradeaus. Am Ende der Straße folgen wir dem Fußweg in gerader Richtung mit der Markierung „rot-weiß-rot-weiß". Dann geht es auf einem Fahrweg am Sportplatz entlang bis zum Pressecker Knock. Den Aussichtsturm sollten wir ersteigen! Sodann folgen wir weiter der bereits erwähnten Markierung durch den Wald und gelangen dann durch offenes Gelände an einem Haus vorbei zum Ort Trottenreuth. Hier gehen wir links ein Stück auf der kleinen Straße Richtung Schlackenreuth. Nach etwa 250 m geht es scharf rechts (Wegweiser „Petersmühle"). Wir wandern durch den unteren Ortsteil von Trottenreuth und laufen auf einer kleinen Straße zur Petersmühle (Erläuterungstafel) hinunter.

TÄLER UND MÜHLEN IM FRANKENWALD

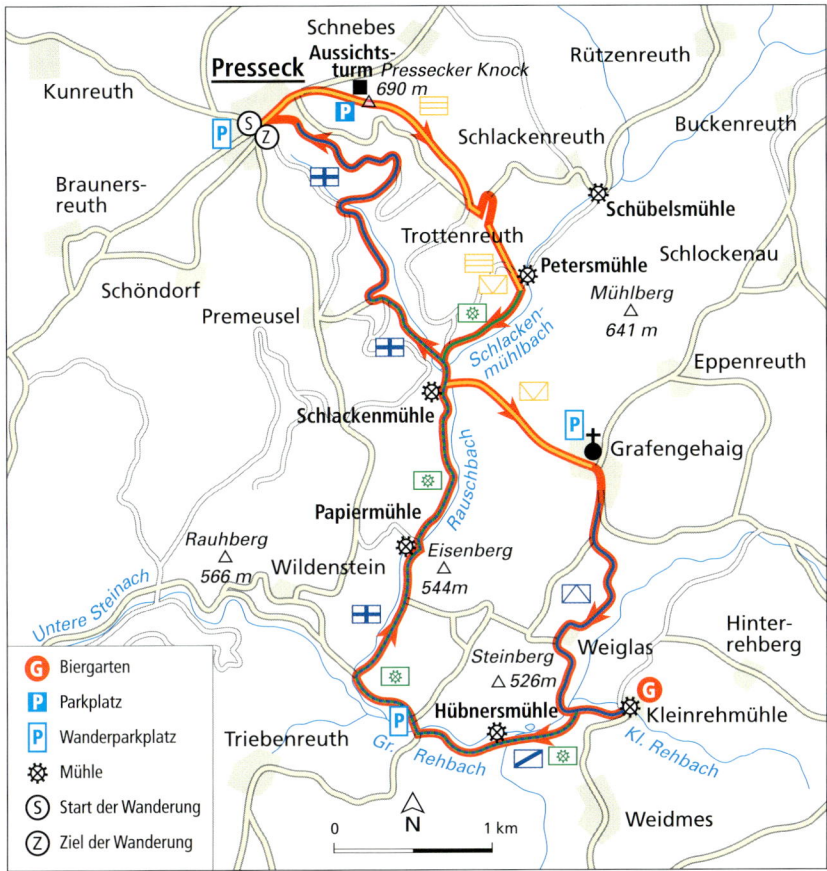

Den Bach überqueren wir nicht, sondern gehen nach rechts auf einem Fußweg am Bach entlang (Markierung „Mühlrad") bis zu einer kleinen Teerstraße, die von Premeusel kommt. Dieser folgen wir ein kleines Stück Richtung Süden, zweigen aber alsbald nach links ab und überqueren den Bach. Unsere Markierung ist jetzt ein „Roter Winkel". An dieser Abzweigung werden wir auch am Rückweg vorbei kommen. Ziemlich steil geht es dann im Wald empor. Auf der Höhe bietet sich uns ein schöner Ausblick. Die erwähnte Markierung führt uns über freies Gelände nach Grafengehaig, wo wir bei der Wehrkirche vorbeikommen.

Nach der Kirche erreichen wir die Hauptstraße und folgen dieser in südlicher Richtung. Dann biegen wir halbrechts in die Seifersreuther Straße ein. Wir sehen hier die Markierungszeichen „1" und „blauer Winkel", denen wir folgen. Bei einem Werksgelände wandern wir nach links und laufen am Sportplatz vorbei und dann auf einem schmalen Sträßchen nach Weiglas. Dort wird die Straße zum Fußweg. Immer noch mit dem Zeichen „blauer Winkel" geht es um ein Hausgrundstück herum und daraufhin auf einem Schottersträßchen steil hinab zum Guttenberger Hammer. Wir überqueren den Betriebshof sowie den Rehbach und gehen geradeaus auf einer kleinen geteerten Straße in wenigen Minuten zu der Kleinrehmühle.

Nach erholsamer Einkehr begeben wir uns wieder hinab Richtung Guttenberger Hammer. Noch vor dem Bach geht es nach links mit den Markierungen „blauer Schrägstrich" und „Mühlrad". Bald erreichen wir auf schönem Talweg die alte Hübnersmühle. Wir folgen dem Talgrund und erreichen nach weiteren 10 bis 15 Minuten einen Wanderparkplatz. Wir folgen im Tal nunmehr für etwa 800 m einer kleinen Teerstraße. Nun heißt es <u>aufpassen!</u> Noch <u>vor</u> der Neumühle (Gasthaus) biegen wir nach rechts in das Rauschenbachtal ein und verlassen somit das Rehbachtal in nördlicher Richtung.

Unsere neue Markierung ist das „blaue Kreuz" , dem wir bis zum Ende der Wanderung folgen. Wir gehen im Tal bis zur Papiermühle, überqueren dort den Bach und laufen mit den Markierungen „Blaues Kreuz" und „Mühlrad" weiter. Die dann sichtbare Schlackenmühle wird ein Stück vor dem Gebäude und danach mit Fußgängerbrücken über den Bach umgangen. Die kleine Teerstraße, die wir bereits am Herweg berührt haben, wird wieder erreicht. Wir wandern allerdings <u>nicht</u> auf dem Mühlenweg weiter, sondern folgen dem „blauen Kreuz" auf dem Sträßchen. Nach einem Stück Straßenanstieg Richtung Premeusel geht es scharf rechts auf nicht mehr geteerter Waldstraße wieder in den Grund hinunter. Nach etwa 10 Minuten folgt eine Wegkreuzung. Man kann geradeaus direkt nach Presseck emporsteigen. Empfehlenswerter ist der nach rechts abbiegende Weg mit dem „blauen Kreuz" , der uns bequemer nach Presseck zurückbringt. Zur Schlusseinkehr in Presseck gibt es mehrere Gasthöfe.

Gasthaus Kleinrehmühle

Bis 1945 Mühlenbetrieb, danach entwickelte sich durch die Nachfrage der Wanderer eine Brotzeitwirtschaft. Ab 1977 Gasthaus.
Telefon: 0 92 55-4 13.
Öffnungszeiten: Ganzjährig geöffnet. Im Sommer (1. Mai bis 31. August) kein Ruhetag. In der übrigen Zeit Dienstag geschlossen.
Lage: Ruhig am Wald mit Ausblick ins Rehbachtal im vorderen (sonnigen) Bereich. Im rückwärtigen Teil bei einem zweiten Mühlteich schattig unter alten Bäumen. Getränkeausgabe (Selbstbedienung) in einer Hütte. Das Essen wird gebracht.
Teich mit Wassertieren und nachgebautem kleinen Hammerwerk. Spielplatz und große Spielburg.

Essen und Trinken: Geräucherte Forellen (nicht immer vorrätig, bei Bedarf telefonisch vorbestellen).
Gute Brotzeiten (Presssack, Schinken, Kuhkäse, Quärklakäse, auch kombiniert auf einem Teller). Oft auch selbstgemachter Kuchen.
Bier: Pülsbräu Weismain, EKU Kulmbach, Scherdelbräu Hof und Gottmannsgrüner Pils aus dem Frankenwald. Trockener Frankenwein, Beerenweine.

Das besondere Thema: Mühlen im Frankenwald

Der Frankenwald ist reich an Bächen und kleinen Flüssen. So überrascht es nicht, dass dort viele Mühlen zu finden sind. In historischer Zeit sind Mühlen seit dem hohen Mittelalter in Deutschland nachweisbar. Wann genau und wo das geniale Prinzip der Ausnutzung der Wasserkraft zur arbeitserleichternden Nutzung erstmals erdacht und angewandt wurde, ist nicht mehr feststellbar. Doch ist bekannt, dass es in Kleinasien bereits im Jahr 88 v. Chr. eine Getreidemühle mit Wasserradantrieb gegeben hat. Bis Ende des 19. Jahrhunderts blieb das technische Prinzip der Mühle im wesentlichen unverändert, dann wurden allmählich die Mühlräder und Mahlgänge durch Turbinen ersetzt. Inzwischen gibt es in Betrieb befindliche gewerblich genutzte Mühlen mit richtigen Mahlgängen im Frankenwald nicht mehr. Die alten Mühlgebäude, soweit sie noch bestehen, dienen anderen Zwecken. Allerdings wurde von engagierten Liebhabern der Mühlentechnik die alte Schneidmühle „Am Hochofen" bei Stadtsteinach als ein Industriedenkmal des vorletzten Jahrhunderts funktionsfähig wiederhergestellt. Dort wird gelegentlich noch mit der

Die romantische Kleinrehmühle ist unser Einkehrziel

Mühlenromantik im Frankenwald

alten Schneidetechnik Holz aus dem Frankenwald zersägt. Wenn von Mühlen die Rede ist, so denkt man zuerst an solche zur Gewinnung von Mehl aus Getreide. Daneben wurde aber aus Korn auch Schrot, Grieß und Kleie gemahlen. Weiter gab es Mühlen zur Gewinnung von Öl aus Lein, Raps und Bucheckern, Lohmühlen zum Mahlen von Eichenrinde für das Gerben von Fellen, Walkmühlen zur Lederbearbeitung, Knochenmühlen, Pulvermühlen, Papiermühlen Schleifmühlen und Hammerwerke. Es ist uns heute meist gar nicht mehr bewusst, was alles mit der Mühlentechnik bewirkt wurde. Beim Wandern treffen wir oft auf Mühlen, deren Name auf ihren ehemaligen Verwendungszweck hinweist, so bei der beschriebenen Tour die Schlopper Papiermühle und den Guttenberger Hammer. Im Frankenwald waren wegen seines Holzreichtums Sägemühlen besonders häufig. Eine Mühle hatte oft mehrere, manchmal bis zu fünf oder sechs Mahlgänge, die verschiedenen Zwecken dienen konnten. So hatte die an der obigen Wanderroute gelegene Hübnersmühle einen Mahlgang für Getreide und einen zum Holzsägen. Ihr Wasser bezog die Hübnersmühle vom Großen Rehbach und darüber hinaus durch ein von Süden her zufließendes Bächlein. Da der Wasserzufluss trotzdem offenbar für die beiden Mahlgänge nicht ausreichte, wurde das Wasser in einem Mühlteich angestaut. Dadurch war es möglich, den Zufluss für die Mühlräder so zu regulieren, dass er zum Mahlen und Schneiden ausreichte. Das heutige Gasthaus Kleinrehmühle war früher wohl immer eine Getreidemühle. Der Wasserzufluss vom Kleinen Rehbach war nur gering, sodass es auch hier notwendig war, einen Mühlteich anzulegen. Er ist heute noch vorhanden.

Waldeinsamkeit im nördlichen Fichtelgebirge

Zum Kornberg und zum Gasthaus „Altes Pfarrhaus" nahe der Grenze zu Tschechien

Bahnhof Kirchenlamitz – Ruine Hirschstein – Kornberg – Göringsreuth (Altes Pfarrhaus) – Schönwald (oder alternativ Göringsreuth – Pilgramsreuth – Rehau).

Weglänge: 10,5 km (bzw. 13,5 km bei dem Rückweg nach Rehau).
Gehzeit: 3 Stunden (bzw. knapp 4 Stunden bei der Variante Rehau).
Anfangspunkt: Bahnhof Kirchenlamitz Ost. Bahnstrecke 855 Marktredwitz – Hof. Montag bis Freitag stündlicher Zughalt, Samstag und Sonntag Zweistundentakt.
Endpunkt: Bahnhof Schönwald – bzw. Bahnhof Rehau. Bahnstrecke 858 Hof – Selb. Samstag und Sonntag im Zweistundentakt, an den anderen Tagen in etwa stündlich.
Gelände: Längerer, aber nicht sehr steiler Anstieg zum Kornberg, dann bergab und eben. Der größte Teil der Wanderung verläuft im Wald.
Karte: Fritsch Wanderkarte 1:50 000 Naturpark Fichtelgebirge.
Empfohlene Jahreszeit: Vom Frühsommer bis zum frühen Herbst.
Sehenswertes:
Burgruine Hirschstein: Überreste einer im 14. Jahrhundert zerstörten Burg.
Kornberg: Nordöstlichster Fichtelgebirgsberg (827 m) mit 20 m hohem Aussichtsturm. Aussicht in das Döbragebiet im Frankenwald, nach Hof, Rehau, Selb, in die Gegend um Asch und Eger in Tschechien und in das zentrale Fichtelgebirge.
Pilgramsreuth: Stimmungsvolle spätgotische Pfarrkirche mit Wandmalereien aus der Erbauungszeit, an den Emporen über 100 Bilder mit biblischen Szenen von 1710; Altar und kanzeltragender Moses von dem Bayreuther Hofbildhauer Elias Räntz; Sakramentshäuschen aus der Spätgotik.

Diese Tour führt uns in das von Wanderern wenig besuchte nordöstliche Fichtelgebirge.
Die Grenze zu Tschechien ist nur 10 km entfernt. Die Gegend um Selb, Marktleuthen, Schönwald und Schwarzenbach war sehr stark von der Porzellanindustrie geprägt. Viele Fabriken sind heute stillgelegt; die Region ist strukturschwach und weist hohe Arbeitslosigkeit auf. Der Tourismus ist nur schwach entwickelt, obwohl es durchaus lohnende Ziele gäbe.
Es ist nicht zu verschweigen, dass manche Waldwege im Fichtelgebirge etwas eintönig erscheinen können, da noch immer Fichtenmonokulturen das Landschaftsbild prägen. Um eine Wanderung im Fichtelgebirge abwechslungsreicher zu machen, ist es nötig, einige „Glanzpunkte" in die Route einzuarbeiten. Solche sind auf unserer Tour durchaus zu finden.

Schon bald führt die Wanderung am „Wackelstein" vorbei

Beim Anstieg zum Hirschstein kommen wir an einer interessanten Felsgruppe mit einem riesigen „Wackelstein" vorbei. Natürlich wackelt er in Wahrheit nicht. Die Ruine Hirschstein, – allzu viel altes Gemäuer ist von ihr nicht erhalten – liegt auf einem steilen Felsen. Man hat hier eine zwar begrenzte, aber liebliche Aussicht über weite Wälder ins „Böhmerland". Der nächste Höhepunkt der Wanderung ist die „Schönburgwarte" am Kornberg. Die Aussicht dort wird neben der von der Kösseine als die schönste des Fichtelgebirges gepriesen.

Ein absoluter Glanzpunkt ist auch die Einkehr im Biergarten des „Alten Pfarrhauses" (die offizielle Ortsbezeichnung ist Göringsreuth). Das unter Denkmalschutz stehende Gasthaus wurde mit viel Geschmack restauriert, der Biergarten, überragt von einem uralten Bergahorn ist so, wie man sich einen solchen nur wünschen kann. Die Küche übertrifft das übliche Niveau erheblich, sie kann mit saisonalen Spezialitäten aufwarten, wie Spargel, Wild und, wenn man Glück hat, selbstgesammelten Pilzen. Sonntags werden Knödel zubereitet, dazu kann man Herkömmliches wie Grillhaxen erhalten, aber auch Exotisches wie Kengeruhgulasch oder Kaninchenfilets. Auch werktags gibt es immer etwas Ausgefallenes aus der warmen Küche. Man beachte auch die im Garten angebauten Bohnen! Der Biergarten wird auf einer Seite durch ein Bohnenspalier (zum Gemüsegarten hin) begrenzt, auf den anderen Seiten bildet das Gasthaus, ein altes Nebengebäude und der Zugangsweg mit der großen Waldwiese dahinter die stimmungsvolle Umrahmung.

Für den Rückweg kann man wählen, ob man in nur einer Stunde zum Bahnhof Schönwald bummeln will oder noch Lust hat, zwei Stunden bis nach Rehau zu laufen. Im letzteren Fall hat man die Möglichkeit, die für Kunstfreunde wirklich interessante Kirche in Pilgramsreuth zu besuchen.

Wegbeschreibung

Am Bahnhof Kirchenlamitz entsteigen wir dem Zug, gehen am Bahnhof vorbei und nach rechts etwa 50 Meter weit auf der Straße. Auf der linken Seite erblicken wir den Gasthof Wustung. Wir überqueren den Hof der Gastwirtschaft und sehen an einem Baum die Markierung „N (weiß auf rotem Grund)" , der wir bis auf weiteres folgen werden. Auf einem Fußweg überquert man eine kleine Teerstraße (Schild: „Kornberg 3 km"). Der Weg steigt leicht an. Nach einer Granitsäule kommen wir an eine ungeteerte Waldstraße. Hier ist zunächst keine Markierung sichtbar. Wir überqueren das Waldsträßchen geradeaus und sehen bald rechts wieder das Zeichen „N". Der Weg steigt mäßig an. Rechts weist ein Schild auf den „Wackelstein" hin. Vor allem mit Kindern sollten wir den kleinen Abstecher dorthin unternehmen. Der Weg wird nun steiler und wir gelangen zu den Felsen, auf denen die Ruine Hirschstein steht. Direkt hinaufzuklettern ist gefährlich. Wir gehen unterhalb der Felsen entlang und dann nach rechts (Wegweiser „Aufstieg zur Ruine").

Von der Ruine Hirschstein sind nur geringe Überreste erhalten

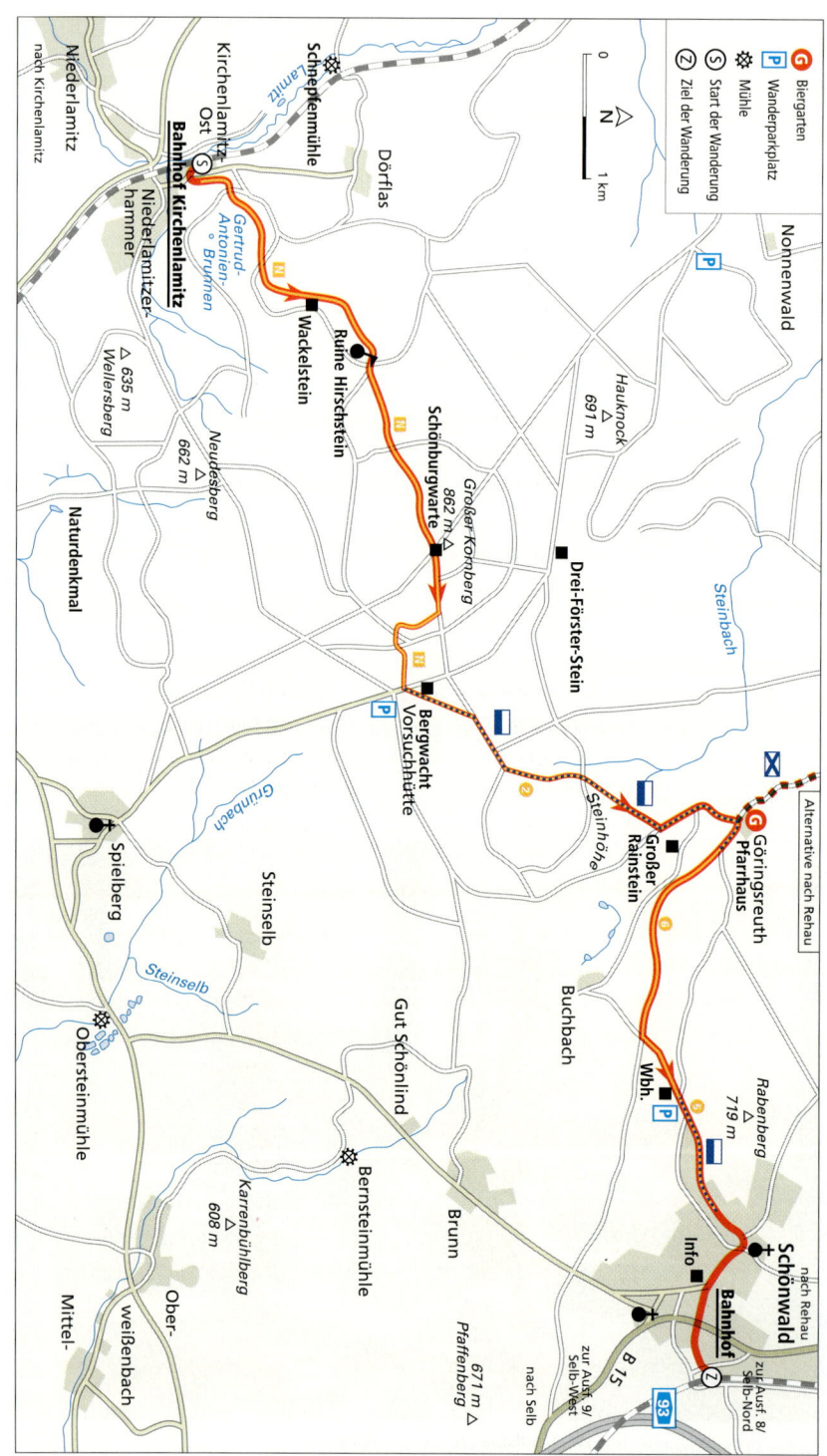

Von der Ruine gehen wir zurück zu dem Wanderweg mit unserer Markierung „N". Dieser führt zu einem Sattel. Wir folgen dort nicht der Waldstraße, sondern gehen auf einem begrasten Fußweg mit der bereits bekannten Markierung zum Kornberggipfel.

Zum Abstieg bleiben wir unserer Markierung „N" treu, die zunächst an einer Wiese mit einem Skilift entlanggeht und dann nach rechts in den Wald einbiegt. Zwei größere Wege werden überquert und wir gelangen zur Vorsuchhütte, einem ehemaligen Gasthaus. Hier verlassen wir unsere bisherige Markierung. Auf der geteerten Straße bei der Vorsuchhütte gehen wir etwa 50 m nach links. Wir erreichen eine Wegkreuzung bei einem Haus und gehen hier nach rechts. Unsere neue Markierung ist ein „weißblaues Rechteck". An der Abzweigung steht ein Wegweiser nach Schönwald. Der blau-weißen Markierung folgen wir auf Waldstraßen für etwa 2 km. An kritischen Stellen ist die Markierung zu finden. Dann kommen wir zu einer Kreuzung mit verschiedenen Wegweisern; wir folgen dem mit der Aufschrift „Rehau/Göringsreuth". Unsere blau-weiße Markierung verlassen wir hier. Nach einem Stück Wald und einer schönen Wiese gelangen wir zu unserem Einkehrziel.

Für den Rückweg nach Schönwald gehen wir vom Gasthaus in östlicher Richtung zunächst zum Parkplatz und auf der Zufahrtstraße bis zum Waldanfang. Wir wollen die kleine Straße nach Schönwald vermeiden und gehen lieber auf dem Fußweg, der am Waldbeginn rechts von der Straße mit dem Täfelchen „6" in den Wald führt. Ein Wegweiser zeigt zum „Wanderparkplatz Schönwald". Immer ge-

Tief im Wald versteckt liegt das Gasthaus „Altes Pfarrhaus"

Von den Felsen der Ruine Hirschstein hat man einen weiten Blick bis nach Tschechien

Aussichtsturm am Kornberg

radeaus führt der Weg 6 in östlicher Richtung durch eine ehemalige Sandgrube hindurch und dann weiter durch Wald zu einer kleinen Straße, die von Buchbach kommt. Auf dieser gehen wir nach links zum Wanderparkplatz. Hier laufen wir geradeaus und erreichen den Ortsrand von Schönwald. Durch die Buchbacher Straße kommen wir zum Kirchplatz. Hier halten wir uns rechts und erreichen über Hauptstraße und Bahnhofstraße den Schönwalder Bahnhof.

Variante: Göringsreuth – Pilgramsreuth – Rehau
Für diese drei km weitere Wegstrecke gehen wir vom Gasthaus aus in entgegengesetzter (nordwestlicher) Richtung. Auch hier erreichen wir in kurzer Zeit den Wald. Unsere Markierung auf diesem Weg ist das „blaue Andreaskreuz". Etwa nach 25 Minuten ab dem Gasthaus kommen wir zu der Einöde Wüstenbrunn mit alten Häusern. Wir behalten zunächst unsere nördliche Richtung bei, doch etwa fünf Minuten nach Wüstenbrunn schwenken wir in westliche Richtung und kommen auf geteerter Straße nach Pilgramsreuth.
Nach dem Besuch der Kirche gehen wir ein kleines Stück auf der Straße nach Rehau weiter. Bald erreichen wir, noch vor dem Ortsende, eine Straße, die rechts nach Fohrenreuth abzweigt. Auf dieser gehen wir wenige Schritte über einen

Bach hinweg und biegen dann links ab. An einigen gebietstypischen Häusern vorbei erreichen wir einen Feldweg, dem wir in nordöstliche Richtung folgen. Nach etwa zehn Minuten kommt von rechts ein Weg, der unser „blaues Andreaskreuz" wieder zeigt. Mit diesem Zeichen wandern wir nun in nördlicher Richtung an Degenreuth vorbei bis zum Ortsbeginn von Rehau. Unsere bisherige Richtung in etwa beibehaltend, kommen wir durch das Ortszentrum zum Bahnhof.

Gasthaus Altes Pfarrhaus Göringsreuth (Gemeinde Schönwald)

Der Name Pfarrhaus leitet sich von einem Pfarrer Göring ab, der 1812 Göringsreuth als Altersruhesitz wählte. Ein Gasthaus besteht hier seit Ende des 19. Jahrhunderts. Neueröffnung nach Eigentums- und Pächterwechsel und völliger Neugestaltung im Jahr 2002.

Telefon: 0 92 87-5 03 09

Öffnungszeiten: Täglich ab 11 Uhr durchgehend bis zum Abend. Ruhetag: Montag.

Betriebsferien: Je zwei Wochen Mitte März und Mitte Oktober.

Lage: Sehr ruhig an einer Waldwiese. Autos müssen ein Stück weit entfernt parken.

Stühle und Bierbänke, teils sonnig, teils schattig (unter einem alten Bergahorn).

Insgesamt sehr angenehmes Ambiente. Brünnlein; Kiesbelag im Garten.

Essen und Trinken: Vielseitige gehobene Küche mit Saisongerichten zu angemessenen Preisen, auch Wild. An Werktagen ebenfalls warme Küche.

Bier von Scherdelbräu Hof. Ein trockener und ein halbtrockener Frankenwein.

Weitere Einkehrmöglichkeiten

Kirchenlamitz Bahnhof Gasthof Wustung (mit Bierbänken im Freien).
Kornberg: Bewirtschaftung sonntags durch den Fichtelgebirgsverein.
Gasthäuser in Pilgramsreuth, Schönwald und Rehau.

BIERGARTENWANDERUNGEN

18 Bergausblicke von Ochsenkopf und Nußhardt

Zum Seehaus im zentralen Fichtelgebirge

Bischofsgrün/ Ochsenkopf – Weißmainquelle – Naabquelle – Fichtelsee – Seehaus – Nußhardt – Karches – Bischofsgrün.

Der Turm am Ochsenkopf sollte wegen seiner Aussicht erstiegen werden

Das niederschlagsreiche zentrale Fichtelgebirge ist reich an Quellen. Vier große Flüsse entspringen dem Fichtelgebirge, die Saale, die Eger, der (weiße) Main und die (Fichtel)-Naab. Saale und Eger münden in die Elbe, der Main bekanntlich in den Rhein und die Naab in die Donau. Zwischen Weißmainquelle und Naabquelle überqueren wir somit auf unserer Tour die Wasserscheide zwischen Nordsee und Schwarzem Meer.
Außer an den Quellen mit ihrem erfrischenden Wasser (die Weißmainquelle ist auch im Sommer nur 5 °C warm!) kommen wir auf unserer Wanderung am viel besuchten Fichtelsee vor-

Weglänge: 15 km (bzw. 12 km bei Rückfahrt ab Karches).
Gehzeit: 4 ³/₄ Stunden (bzw. knapp 4 Stunden bei Rückfahrt ab Karches).
Anfangspunkt: Ochsenkopf Seilbahnstation. Die Seilbahn fährt ab Bischofsgrün Haltestelle Schwebebahn Nord. Dorthin gelangt man mit der Buslinie 8444 Bayreuth – Bischofsgrün, Abfahrt ab Bayreuth Hauptbahnhof zur Zeit (2003) samstags um 7.55 Uhr, sonntags um 9.55, an den übrigen Tagen ab Bushaltestelle Tunnelstraße um 9.00 und 10.00 Uhr. Von Nürnberg her gute Zugverbindung zu den Bussen, doch am Sonntag nur 3 Minuten Übergangszeit.
Endpunkt: Bischofsgrün Bushaltestelle Rathaus (bzw. Bushaltestelle Karches).
Abfahrt in **Karches**: Montags bis samstags um 18.03 Uhr, sonn- und feiertags um 16. 54 Uhr (direkt nach Bayreuth).
Abfahrten in **Bischofsgrün**: montags bis freitags um 16.40 und 18.10, samstags um 18.10, sonn- und feiertags um 17.01.
Gelände: Ein größerer Anstieg zum Seehaus, ein leichter zum Nußhardt, sonst eben oder bergab. Da die Wanderwege oft über Steine, Blöcke und Baumwurzeln führen, sind auf dieser Wanderung Bergstiefel unbedingt ratsam. Der größte Teil der Wanderung verläuft im Wald.
Karte: Fritsch Wanderkarte 1:50 000 Naturpark Fichtelgebirge.
Empfohlene Jahreszeit: Sommer (im Fichtelgebirge meist nicht so heiß). Bis April kann Schnee liegen.
Sehenswertes:
Ochsenkopf: 1024 m hoch, zweithöchster Berg des Fichtelgebirges mit 17 m hohem Aussichtsturm. Blick über das ganze Fichtelgebirge, bei entsprechendem Wetter auch bis zum Frankenwald und Thüringer Wald, in das Bayreuther Land und zum Frankenjura (Kordigast).
Weißmainquelle: Bereits im 18. Jahrhundert mit Granitblöcken gefasste Quelle mit dem Wappen des Bayreuther Markgrafen.
Fichtelsee: Sagenumwobener früher größerer See inmitten großer Wälder. Nördlich des Sees in der „Seelohe" Reste des im wesentlichen bereits abgebauten Hochmoors.
Nußhardt: Wildes Felslabyrinth, der Aussichtsfelsen (schöner Blick zum Fichtelsee) kann auf einer steilen Treppe erstiegen werden. Auf dem Felsen durch Wasser ausgewaschene Vertiefungen, die sogenannten Druidenschüsseln. Unter dem Felsen ein großer Höhlenraum.

An der Weißmainquelle kann sich der Wanderer an einem kühlen Trunk erfrischen

Am romantischen Fichtelsee kann man Boot fahren

bei. In ihm kann man im Sommer baden oder Tretboot fahren. Ursprünglich war der Fichtelsee viel größer und reichte bis zum Seehaushügel. Im Lauf der Zeit ist er durch Torfmoorbildung verlandet, hat aber durch Ausbaggerung einen Teil seiner ursprünglichen Größe wieder erhalten. Das Gelände nördlich des Sees in Richtung Seehaus ist botanisch sehr interessant. Hier finden wir bestandsbildend auf Torfschichten einen Wald von Spirken (einer seltenen Kiefernart) mit Wollgras darunter, stellenweise auch den seltenen Sonnentau, Rosmarinheide und Rauschbeere. Die vorhandenen Wege dürfen nicht verlassen werden.

Damit sind die Höhepunkte dieser Tour noch nicht erschöpfend aufgezählt. Der Ochsenkopf, zu dem wir mit der Doppelsesselbahn zu Beginn der Wanderung gemächlich emporschweben, gehört zu den Fichtelgebirgsbergen mit besonders guter Aussicht. Die Sendemaste auf ihm sind allerdings keine Zierde. Der Ausblick vom Nußhardt ist viel beschränkter, aber auch reizvoll. Die Größe der Fichtelgebirgswälder, aus denen der Fichtelsee heraufleuchtet, wird dem Wanderer hier recht bewusst. Dem großen Trubel, der am Ochsenkopf und manchmal auch am Fichtelsee herrscht, ist man hier längst entronnen. Es macht Spaß, sicher besonders auch Kindern, durch das Felsenmeer am Nußhardt zu laufen und auf einer Leiter zur höchsten

Felsklippe empor zuklettern. Das gleiche Erlebnis hat sich uns schon am Anfang der Tour beim Weißmainfelsen geboten.

Als eine weitere Attraktion der Wanderung kann man auch die Einkehr in dem vom Fichtelgebirgsverein bewirtschafteten Seehaus ansehen. Unter Vogelbeerbäumen sitzen wir hier in 922 m Höhe auf einer hübschen ruhigen Terrasse und blicken auf eine moorige Bergwiese und zum Ochsenkopf hinüber. Ursprünglich war das Seehaus ein „Zechenhaus" für die nahegelegenen Zinngruben. Im Mittelalter wurde im Fichtelgebirge an allen Ecken nach Erzen und Edelmetallen geschürft. Mit Essen und Trinken werden wir auf dem Seehaus gut versorgt. Wenn wir Glück haben, gibt es im Sommer einen frischen Heidelbeerkuchen.

Am Rückweg kommen wir beim Forsthaus Karches vorbei. An einem Teich, in dem das Wasser für die Trift der Baumstämme auf dem Weißmainbach gestaut wurde, finden wir nochmals eine Gaststätte, an der wir im Freien angenehm sitzen könnten, wenn nicht der Verkehrslärm von der Bundesstraße so arg herüberschallen würde. Ab Karches können wir bereits mit dem Bus zurückfahren. Wenn wir uns entschließen, auf dem Naturlehrpfad weiterzugehen, so treten wir nochmals in die Waldesstille ein und folgen dem Bächlein des Weißen Main zum Luftkurort Bischofsgrün.

Am Seehaus ist gut rasten

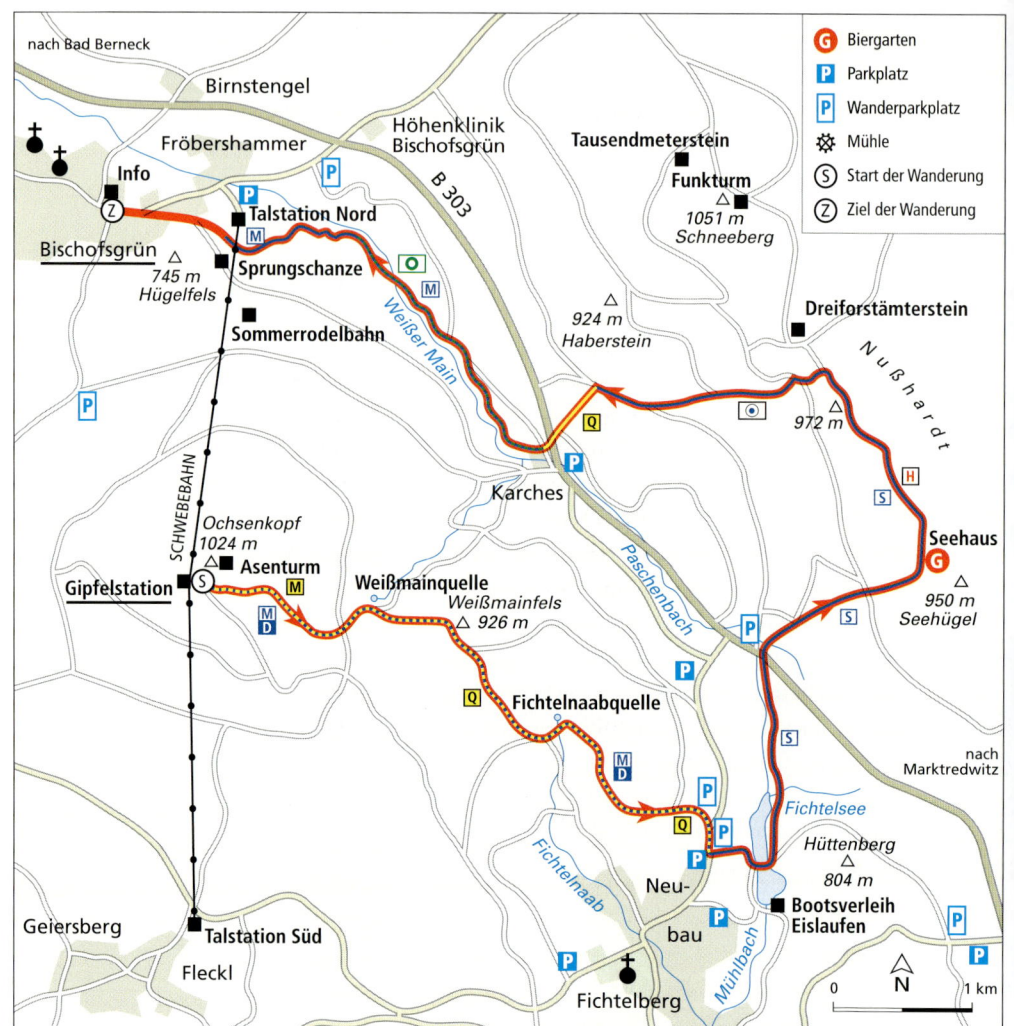

Wegbeschreibung

Unsere Wanderung ins Hohe Fichtelgebirge beginnt an der Bushaltestelle Schwebebahn Nord in Bischofsgrün. Der Doppelsessellift ist ab 9 Uhr früh in Betrieb. Nachdem wir der Bahn am Ochsenkopf entstiegen sind, gehen wir zum Aussichtsturm, der den Namen „Asenturm" trägt. Von dort laufen wir ein paar Schritte in östliche Richtung und sehen dort den Wegweiser zur Weißmainquelle. Wir vertrauen uns dem Weg an, der mit der Markierung „M (schwarz auf gelben Grund)" gekennzeichnet ist. Am Anfang sind die Wegzeichen noch etwas dürftig. Nach einem kurzen Wegstück über heideartiges Gelände gabelt sich der Weg. Der weniger begangene Weg geradeaus führt zu einem nahegelegenen Goethegedenkstein. Wir aber laufen auf dem linken, stärker begangenen Weg.

Die Markierung ist nun recht gut. Wir kommen zu einem befahrbaren Weg und auf diesem zur Weißmainquelle (diese liegt wenige Meter links, an der Kreuzung angezeigt).

Zurück zu der Abzweigung gehen wir weiter in Richtung Weißmainfelsen. Unsere Markierung ist jetzt sowohl „M" wie auch „Q". Beim Weißmainfelsen verlassen wir das „M" und wandern nun allein mit dem Zeichen „Q" (= Quellenweg) weiter. Alsbald gelangen wir zur Naabquelle. Wir bleiben weiter auf dem gut markierten Quellenweg und gehen auf einer Waldstraße bergab. Etwa 10 Minuten nach der Naabquelle dürfen wir die Abzweigung unseres markierten Wegs von unserem Sträßchen nach links nicht übersehen. Unsere Zeichen sind „Q" und „MD". Der Weg steigt etwas an. Wir kommen auf einen Rundweg 2, doch bleiben wir unseren Markierungen „Q" und „MD" treu und erreichen auf einem teilweise feuchten Pfad Häuser vom Ort Neubau. Hier gehen wir in einer Wohnstraße bis zur Ortsstraße und da nach rechts, dann einem Minigolfplatz vorbei. Auf der linken Seite erscheint ein bewachter Parkplatz, über den wir hinweggehen. Wir laufen in den Wald hinein und gelangen, noch immer auf dem Quellenweg, direkt zum Fichtelsee.

In Seenähe geht es etwas nach rechts zu einem Damm, auf dem wir den See überqueren. Auf der anderen Seeseite kommen wir zu einem Hotel mit Seeter-

Nördlich des Fichtelsees findet man Reste eines schönen Hochmoors

Vom Felsenmeer des Nußhardt erblickt man wieder den Fichtelsee

rasse. Gleich nach dem Haus halten wir uns nach links. Unser neues Markierungszeichen ist jetzt ein „S (blau auf weißen Grund)". Auf dem „S" – Weg gelangen wir in das Fichtelgebirgsmoor „Seelohe". Immer in nördlicher Richtung erreichen wir mit dem „S" – Weg die B 303, die überquert wird. Das Zeichen „M" ist jetzt wieder da. Mit den Markierungen „S" und „M" steigen wir zum Seehaus empor.

Zum Weiterweg gehen wir nach links am Seehaus vorbei. Unser neues Markierungszeichen ist das „H (weiß auf rotem Grund)". Am Seehaus sind alle Wege angezeigt. Eine Moorwiese wird überquert, dann geht es im Wald etwas bergauf zum Nußhardt. Zum Aussichtsfelsen läuft man ein paar Schritten nach links.

Nach dem Nußhardt wandern wir noch ein kleines Stück auf der Markierung „H" (Wegweiser Schneeberg). Bald kommt eine Abzweigung nach links, die mit dem Zeichen „blauer Punkt im weißen Ring" versehen ist. Dies ist unser Weg nach Karches. Er geht zunächst auf einem Fußpfad, dann auf einer Waldstraße mit schönem Buchenwald und von dieser dann links abzweigend bergab zur Bundesstraße 303. Wir kommen direkt an der Bushaltestelle Karches heraus.

Wenn wir noch nach Bischofsgrün weitergehen wollen, überqueren wir vorsichtig die B 303 und gehen jenseits der Straße auf einem Waldweg nach links. Bei dem Bach sehen wir auf der rechten Seite ein Holztor und eine Tafel „Naturlehrpfad". Außerdem ist an dieser Stelle die Markierung „M" (blau auf weißem Grund) vorhanden. Wenn wir die Waldgaststätte Karches besuchen wollen, gehen wir an dieser Stelle geradeaus. Wenn wir gleich nach Bischofsgrün wollen, folgen wir dem Naturlehrpfad und der Markierung „M". Der Weg führt am Weißmainbach entlang nach Bischofsgrün. Die Busse nach Bayreuth fahren am Rathaus ab.

Fichtelgebirgsunterkunftshaus Seehaus
Telefon: 0 92 72-2 22
Öffnungszeiten: Durchgehend geöffnet, Dienstag Ruhetag. Übernachtung ist möglich (22 Betten, 40 Matratzenlager).
Lage: Absolut ruhig, private Autozufahrt nicht gestattet.
Teils Stühle, teils Bänke. Sonnige und schattige Plätze (unter Vogelbeerbäumen).
Hübsche Aussicht. Überdachter Brunnen und Teich mit Wasserpflanzen. Für Kinder Schaukeln und Wiese zum Spielen.
Essen und Trinken: Auch werktags warmes Essen, z. B. Schnitzel, guter Schweinebraten mit Klößen und Kraut für 6,50 Euro (2002), Linseneintopf mit Wurst für 4.50 Euro. Ab 14.00 Uhr auch Brotzeiten. Oft auch Kuchen. Pils vom Fass von Scherdelbräu Hof, ein trockener Frankenwein. Beerenweine.

Weitere Einkehrmöglichkeiten
in der Tagesgaststätte am Ochsenkopf (Ruhetag Donnerstag), im Hotel am Fichtelsee (mit Terrasse zum See), in der Waldgaststätte Karches (mit Gartenterrasse) und in Bischofsgrün.

BIERGARTENWANDERUNGEN

19 Vom Fichtelgebirge durch das Ölschnitztal nach Bad Berneck

Einkehr in der Waldschänke in Schweinsbach und in der Entenmühle

Bischofsgrün – Birnstengel – Schweinsbach – Metzlersreuth – Entenmühle – Ölschnitztal – Stein – Bad Berneck

Diese Wanderung führt uns vom Zentrum des Fichtelgebirges in dessen Vorland. Wir kommen dabei durch ganz unterschiedliche Landschaften. Unser Ausgangsort Bischofsgrün, als Sommerfrische seit alters her viel besucht, liegt als Rodungsinsel zwischen den weiten Fichtenwäldern des Zentralen Fichtelgebirges, überragt von Ochsenkopf und Schneeberg, die, obwohl über 1000 m hoch, eher wie flache Hügel wirken. Der Landschaftscharakter ist ernst und an trüben Tagen fast düster. Bei dem reich mit Blumen geschmückten Metzlersreuth wird die Landschaft lieblicher. Der Wald weicht zurück und landwirtschaftlich genutzte Flächen überwiegen. Unbefestigte eschenbestandene Hohlwege führen aus den Dörfern hinaus. Die Flurbereinigung hat sich hier noch nicht flurschädigend betätigt.

Das einsame Schweinsbach ist Bauernhof und Gasthaus zugleich

VOM FICHTELGEBIRGE DURCHS ÖLSCHNITZTAL NACH BAD BERNECK

Weglänge: 14,5 km
Gehzeit: etwas über 4 Stunden
Anfangspunkt: Bischofsgrün Bushaltestelle Rathaus (Verkehrsamt). Buslinie 8444 Bayreuth-Bischofsgrün. Bus ab Bayreuth Hauptbahnhof derzeit (2003) samstags um 7.55 Uhr, sonntags um 9.55 Uhr, an den übrigen Tagen ab Haltestelle Tunnelstraße um 9.00 und 10.00 Uhr. Die Züge von Nürnberg kommen um 8.55 und 9.52 Uhr an.
Endpunkt: Bad Berneck Busbahnhof. Buslinie 8450 Bad Berneck-Bayreuth Montag bis Freitag im Halbstundenabstand, samstags etwa stündlich bis 18. 30 Uhr, sonntags zur Zeit um 15.30, 17.22 und 17.45 Uhr.
Gelände: Nur zweimal mäßige Anstiege, sonst eben und bergab. Überwiegend im Wald, auch im Ölschnitztal meist schattig.
Karte: Appelt Wanderkarte Naturpark Fichtelgebirge 1:35 000 oder Fritsch Wanderkarte Naturpark Fichtelgebirge 1:50 000.
Empfohlene Jahreszeit: Frühling und Sommer.
Sehenswertes:
Burg Stein: Von der früheren Burg steht noch die ehemalige Kemenate, in der sich jetzt die Kapelle St. Michael befindet.
Bad Berneck: Seit 1857 Molkenkurort, seit 1930 Kneippheilbad. Hübsche Lage im Ölschnitztal, von mehreren Hügeln mit Aussichtspunkten umgeben. Auf dem Schlossberg Ruine Hohenberneck mit Schlossturm und Kapellenruine von 1480. Dahinter die Ruine „Altes Schloss". Bemalte Kolonnaden im Kurpark.
Klassizistische tempelartige Saalkirche mit Doppelemporenanlage, Kanzelaltar und ionischen Säulen.

Hier geht der Weg weiter

Erneut ändert sich das Landschaftsbild bei der Entenmühle. Statt flacher Hänge auf granitenem Urgestein treffen wir nun auf ein tiefeingeschnittenes Tal, wie es so im Fichtelgebirge sonst nicht vorkommt. Bei Bad Berneck gelangen wir in das mainfränkische Bruchschollenland. Die Gesteine dort stammen aus erdgeschichtlich viel jüngeren Epochen als denen des 500 Millionen Jahre alten Fichtelgebirges, das einmal höher emporragte als die Alpen. Im langen Lauf der Erdgeschichte wurde das Urgebirge zu den heutigen runden Formen abgeschliffen. Die Hänge im Ölschnitztal sind nicht mehr mit dem fichtelgebirgstypischen Fichtenwald bestockt, sondern tragen Mischwald und bei Bad Berneck reinen Laubwald.

Der Weg an der rauschenden Ölschnitz entlang macht Vergnügen. Im 19. Jahrhundert wurde hier noch Perlenfischerei betrieben. Auch heute wirkt das Wasser forellenklar. Nach der Burg Stein, bei der wir noch einmal emporsteigen müssen, geht es dann endgültig zum Flüsschen hinunter. An einem Wegweiser haben wir

In Metzlersreuth sind viele Häuser mit Blumen geschmückt

dann die schwierige Entscheidung zu treffen, ob wir den Hangweg zu den Ruinen von Bad Berneck gehen wollen oder auf dem schönen Talweg verbleiben. In jedem Fall erreichen wir bei den Kuranlagen mit den alten Kolonnaden, die uns in die Zeit des 19. Jahrhunderts zurückversetzen, das hübsche Heilbad.

Für die Einkehr unterwegs haben wir die Wahl zwischen der alten Waldschänke von Schweinsbach und der Entenmühle. Wenn uns der Sinn nach Klößen und Braten steht, werden wir in Schweinsbach einkehren, wenn wir aber eine frische Forelle, gebraten, blau oder geräuchert, bevorzugen, laufen wir bis zur Entenmühle weiter. In beiden Fällen werden wir ruhig und angenehm im Grünen speisen. Nur am Freitag müssten wir hungrig bleiben.

Ein alter Hohlweg führt in die Flur hinaus

Wegbeschreibung

Bei der Bushaltestelle (Rathaus) von Bischofsgrün begeben wir uns zum nahen Kurpark. Wir steigen nach dessen Ende ein paar Treppen hinab, überqueren eine Straße und folgen bergab dem Hinweis auf den Terrainkurweg und verschiedenen Markierungszeichen. Im Tal beim Bach verlassen wir den Terrainkurweg und gehen nach links zwischen zwei Hausgrundstücken durch zur Birnstengler Straße (wir können vom Ortszentrum aus auch direkt auf der Birnstengler Straße hinabgehen). Auf dieser überqueren wir den Bach (es ist der Weiße Main!) und laufen bergauf geradeaus über die B 303 hinweg nach Birnstengel zum Gasthof Käppel. Hier wird mit Wegweiser Schweinsbach unser Weiterweg nach links angezeigt. Er ist mit der Markierung „1" versehen. Ein Teersträßchen führt an Hedlerreuth vorbei zum Wald. Hier sehen wir wieder einen Wegweiser nach Schweinsbach und folgen diesem auf einer Waldstraße. Nach ungefähr 20 Minuten wird eine Autostraße überquert. Auch hier hilft uns ein Wegweiser. Unsere neue Markierung ist das Zeichen „3". Diesem folgen wir ununterbrochen bis Schweinsbach.

Nach dem Gasthaus gehen wir auf einer kleinen Straße weiter. Unser neues Zeichen ist ein „weiß-blaues Rechteck". Als Ziel des Wegs wird Gefrees angezeigt. Die genannte Markierung wird uns bis zur Entenmühle begleiten. Den Ort Metzlersreuth erreichen wir bei der Straße, die von Schamlesberg herkommt. Hier gehen wir nach links, bei der nächsten Kreuzung im Ort nach rechts und bei der Gefrees herkommenden Straße wieder nach links. Nach wenigen Metern gegenüber der Gastwirtschaft führt der Weg zur Entenmühle. Eine Tafel weist auf das Ziel hin. Durch einen Hohlweg gelangt man zu Feldern und zu einem großen Ahorn. Ein Stück weiter befindet sich links ein Pfosten mit unserer Markierung (blau-weiß), die uns nach links abbiegen lässt. Der Weg geradeaus ist mit einem Wegweiser zur Entenmühle versehen. Beide Wege führen zum Ziel. Wir folgen dem markierten Pfad und gehen wir über eine Wiese längs einer Hecke auf einem schon leicht zugewachsenen Weg. Der Graspfad führt an einem alten Zaun entlang zum Wald. Dort wird ein kleiner Pfad sichtbar, der schräg hinabführt, diesem folgen wir. Ein Stück weiter ist unsere Markierung wieder da. Diese führt uns durch den Wald hinunter zu einer Wiese, wo wir auf einen etwas größeren Weg kommen. Diesen überqueren wir und gehen am Waldrand und dann im Wald hinab. Von rechts kommt eine Markierung mit einem „weißen W" hinzu. Dann sind wir bald an der Entenmühle.

Beim Weitermarsch überqueren wir zunächst auf einer Brücke die Ölschnitz und steigen auf einem Teersträßchen mit unserer alten Markierung kurz zu einem Haus empor. Dort geht es nach links. Ein Wegweiser zeigt nach Bad Berneck. Unser Wegzeichen ist nunmehr bis zum Schluss das „weiße W auf rotem Grund". Mit dieser Markierung gehen wir teils im Talgrund, teils über dem Tal.

BIERGARTENWANDERUNGEN

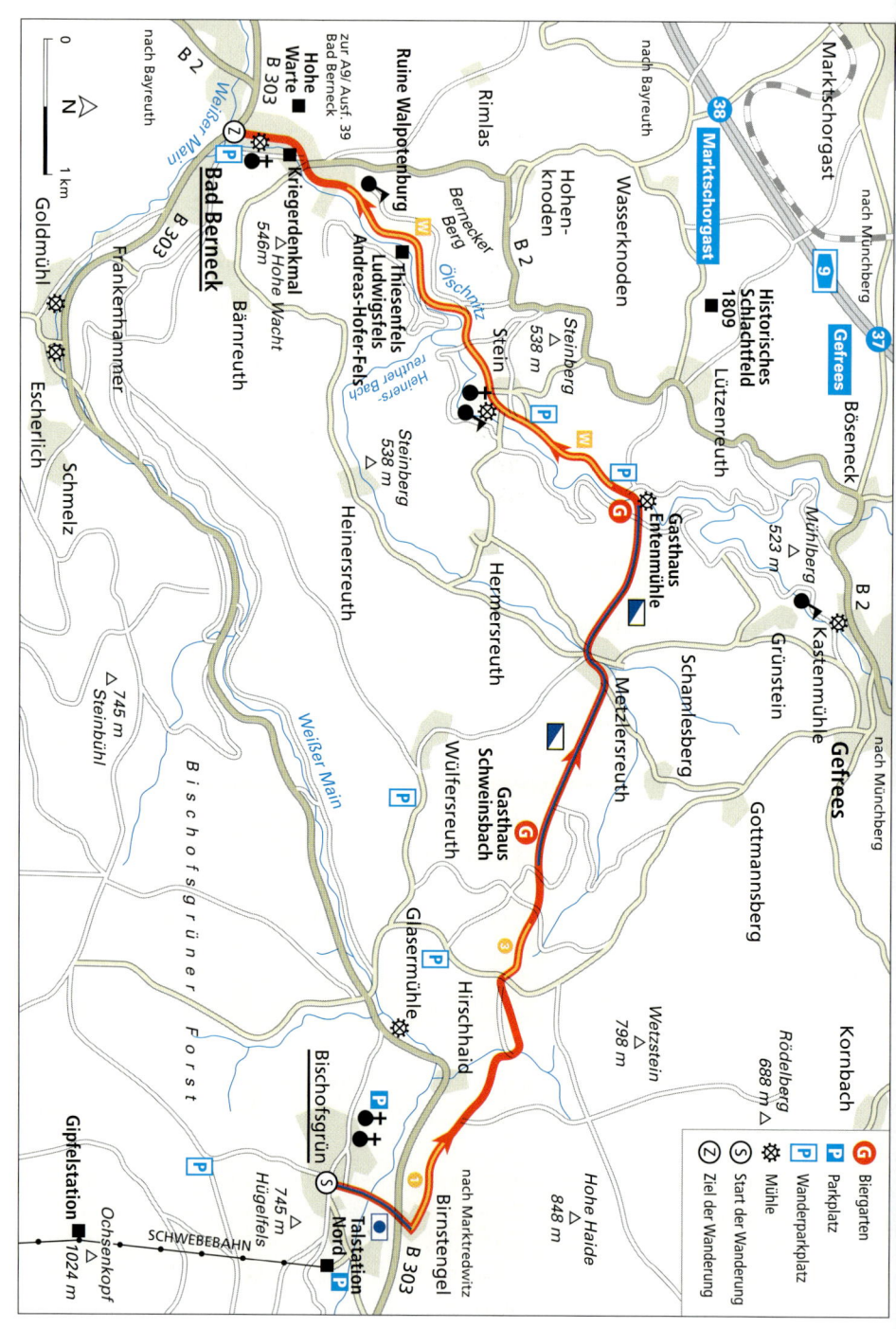

150

Nach etwa 20 Minuten gelangen wir auf eine geteerte Straße, die wir allerdings nach etwa 300 m wieder verlassen müssen (die Straße geradeaus führt nicht weiter!). Wir müssen noch einmal rechts schräg den Hang hochsteigen. Oben erreichen wir die Straße nach Stein. Die Burgruine befindet sich nur ein kleines Stück entfernt. Zum Weiterweg überqueren wir die Straße und laufen auf einem ebenen Waldpfad dahin. Unsere Markierung ist außer dem „W" auch die „1". Der Weg wird zur Waldstraße. An einer Wegkurve befindet sich ein schöner Rastplatz. Bald danach gelangen wir zu Wegweisern, durch die verschiedene Wege nach Bad Berneck angezeigt werden. Wir können hier auch den Höhenweg zu den Ruinen von Bad Berneck wählen. Der Wanderweg „W" verbleibt im schönen Ölschnitztal. Nach einiger Zeit ist die kleine Straße dann geteert. Wir können auf dieser bleiben, empfehlenswerter ist es, auf einem Steg dann die Ölschnitz zu überqueren und am jenseitigen Ufer auf einem gut angelegten Fußweg nach Bad Berneck zu gehen, das bei den Kuranlagen erreicht wird. An der Ölschnitz entlang gehen wir bis zum Marktplatz und von dort geradeaus weiter durch die Bahnhofstraße bis zum Busbahnhof an der Einmündung in die B 303.

Im Ölschnitztal erreichen wir die Entenmühle

Die Biergärten der Wanderung nach Bad Berneck

1. Waldgasthof und Pension Schweinsbach
Telefon: 0 92 54-2 46
Öffnungszeiten: Ganztags geöffnet. Freitag ist Ruhetag.
Lage: Sehr ruhig im Wald. Große Terrasse mit Blick auf Waldwiese. Vormittags im Schatten des Hauses gelegen. Ab Mittag Sonne und teilweise Baumschatten.
Essen und Trinken: Größere Auswahl an Braten mit Klößen, auch Wild. Diverse Brotzeiten. Bier von der Brauerei Mönchshof Kulmbach.

2. Gasthof Entenmühle
Mühlenbetrieb von 1701 bis 1956. Seit 1952 Gastwirtschaft.
Telefon: 0 92 54-2 60
Information: www. gasthof-entenmuehle.de.
Öffnungszeiten: Durchgehend geöffnet. Freitag ist Ruhetag (sofern nicht Feiertag). Betriebsferien im Frühjahr oder Spätherbst.
Lage: Sehr ruhig. Überwiegend sonnige, von Wiese und Wald umgebene Terrasse mit Sonnenschirmen und Topfpflanzen. Großer überdachter Freisitz.
Essen und Trinken: Neben Fleischgerichten (z. B. Ente mit Klößen, Lamm aus eigener Aufzucht) auch frische Forellen oder Saiblinge (blau, gebacken und Müllerin sowie geräuchert). Mittagessen bis 13.30 Uhr, danach Brotzeiten (Presssack, Sülze) und Kuchen, alles hausgemacht.
Bier: Gampertbräu Weißenbrunn, Brauerei Schinner Bayreuth und andere. Frankenweine.

Weitere Gaststätten
in Bischofsgrün, Metzlersreuth und Bad Berneck.

Bei den Kurkolonnaden erreicht der Wanderer Bad Berneck

Durch das Tal des Roten Mains zu den Schlössern von Bayreuth – Eremitage

Einkehr im italienischen Biergarten von Kamerun

Creußen – Aussichtspunkt Drei Tannen – Forsthaus Kamerun – Schlehenmühle – Schlehenberg – Aichig – Eremitage.

Bei dieser Wanderung haben wir die Eremitage von Bayreuth mit ihren großartigen Bauwerken und ihrem Park als Zielpunkt. Für eine Besichtigung dort sollten wir die nötige Zeit einplanen. Zu Beginn der Wanderung können wir, wenn wir den Umweg vom Bahnhof Creußen in die Stadt nicht scheuen, dort das Eremitenhäuschen anschauen. Man sieht, dass es im Bürgertum Nachahmer der hochherrschaftlichen Natur- und Einsiedeleiromantik gegeben hat. Der einfache Dorfbewohner, der sich mit dem Erwerb des täglichen Brots herumschlagen

Am Schlehenberg findet man einen schattigen Biergarten

Weglänge: 15 km.
Gehzeit: Mindestens 4 Stunden.
Anfangspunkt: Bahnhof Creußen Bahnlinie 860 Nürnberg – Bayreuth, zweistündiger Zugtakt.
Endpunkt: Bushaltestelle Eremitage. Stadtbus Montag bis Samstag halbstündlich, sonntags stündlich zum Bahnhof Bayreuth. Von dort jede Stunde in Richtung Nürnberg.
Gelände: Nur leichte Anstiege, mehr als die Hälfte der Wanderung verläuft im Wald.
Karte: Fritsch Wanderkarte Naturpark Fränkische Schweiz Blatt Süd 1:50 000.
Empfohlene Jahreszeit: Während der ganzen Biergartensaison möglich, besonders zu empfehlen an Tagen mit guter Fernsicht.
Sehenswertes:
Creußen: Altertümlicher Ort mit Türmen und Stadttor. Große spätgotische Kirche. Am Rathaus spätgotische Fleisch- und Brotbänke (Verkaufslauben). In der Theodor-Künneth-Straße das „Eremitenhäuschen", unter Verwendung gotischer Bruchstücke 1760 erbaut.
Eremitage: Ursprünglich Tiergarten der Markgrafen von Bayreuth-Brandenburg. Dieser wurde zunächst in eine Eremitage (Einsiedelei) umgewandelt. 1715 – 1718 wurde nach Plänen von Johann David Räntz das Alte Schloss errichtet. In diesem ein Marmorsaal und eine Grotte, deren Wände mit Glasschlacken und Muscheln, die Fabelwesen darstellen, versehen sind. Das Neue Schloss wurde später (um 1750) unter maßgeblichem Einfluss der kunstsinnigen Markgräfin Wilhelmine (Schwester von Friedrich dem Großen) durch Gontard und Saint-Pierre erbaut. Besonders sehenswert der 1945 bis auf die Grundmauern zerstörte, doch originalgetreu wiederhergestellte Sonnentempel. Die Mauern sind mit bunten Glasflüssen und Steinen farbig verziert. Als Bekrönung der Kuppel dient der Sonnenwagen Apolls. Vor dem Schloss großes Wasserbecken mit Delfinen und Fabelwesen und daneben Bogengänge aus Heckenpflanzen, die im Stil der Markgrafenzeit wiederhergestellt wurden.
Der Schlosspark wurde, vor allem durch die Markgräfin Wilhelmine, mit Einsiedeleien, Grottenberg, einem Ruinentheater, dem Grabmal des Lieblingshundes der Markgräfin, einem chinesischen Vogelhaus und der Unteren Grotte mit Nymphengruppe ausgestattet.
Die beiden Schlösser können besichtigt werden. Die Wasserspiele der Bassins werden nur zu bestimmten Zeitpunkten angestellt.

musste, wird hierfür wenig Verständnis gehabt haben. Wir können heute Naturromantik im Tal des noch jungen Rotmainflüsschens erleben.

Der Rote Main entspringt in der Nähe von Creußen und vereinigt sich bei Kulmbach mit dem Weißen Main, der vom Ochsenkopf im Fichtelgebirge (siehe Wanderung 18) kommt. Dem Weißen Main folgt die Markierung M (in blauer Farbe), dem Roten Main die Markierung M (in roter Farbe). Wir könnten auf unserer Wanderung uns allein von der M – Markierung leiten lassen. Doch sollen hier zwei Abweichungen empfohlen werden. Bei der ersten geht es darum, den Aussichtspunkt „Drei Tannen" mit einzubeziehen. Dieser befindet sich auf einem nur unscheinbaren Hügel bei Reuthaus, doch ist verblüffend, welch großartige Rundumsicht wir an einem klaren Tag von dort aus haben. Bayreuth liegt zum Greifen nah. Nach

Im Gartenrestaurant Forsthaus Kamerun sitzt man angenehm unter alten Obstbäumen

Nordosten sehen wir die Hauptgipfel des Fichtelgebirges mit Ochsenkopf, Schneeberg und Königshaide. Entgegengesetzt blicken wir in die nordöstliche Fränkische Schweiz. Im Süden liegen die Bergkegel des Rauhen Kulm und des Armesbergs. Die Orte, die man sehen kann, sind auf einer Tafel verzeichnet. Der zweite Abstecher führt uns von der M-Markierung weg zum Forsthaus Kamerun. In einem ehemaligen Forstdienstgebäude finden wir hier eine friedliche Gartengaststätte. Wir werden von guter italienischer Küche mit einer größeren Auswahl an Fischgerichten überrascht. Der kleine Umweg nach Kamerun ist sicher lohnend. Der Wanderer wird sich fragen, wie der Name eines afrikanischen Landes nach Oberfranken kommt. Die Erklärung ist folgende: Im Jahr 1884 kamen zwei durstige Hochradfahrer von Bayreuth zum Forsthaus von Ottmannsreuth. Der eine der beiden war der Verlobte einer Tochter von Cosima Wagner (diese war die zweite Ehefrau von Richard Wagner). Die Frau des Revierförsters reichte den jungen Männern Erfrischungen. Beide kehrten begeistert nach Bayreuth zurück und erzählten ihren Kollegen an der Bayreuther Bühne von ihrem Erlebnis. Da am gleichen Tag im fernen Afrika die Deutschen durch Hissen ihrer Flagge von der Kolonie Kamerun Besitz ergriffen hatten, nannten die Bayreuther Wagnerianer ihren „Besitz" im fränkischen „Urwald" Neu-Kamerun. Ein Bayreuther Bühnendekorationsmaler, Prof. Brückner, malte sogar eine Hütte beim Forsthaus mit Urwaldszenen aus. In der Folgezeit erhielt der Förster eine Gaststättenkonzession

und viele Bayreuther pilgerten hinaus, auch Cosima Wagner selbst. Der Name Kamerun blieb der Gaststätte bis heute erhalten.

Wem der Sinn nach preiswerter fränkisch-deftiger Küche steht, der mag in dem ebenfalls ruhigen Gartenlokal der Gaststätte Schlehenberg einkehren. Am Schluss der Wanderung findet man kurz vor der Eremitage im Ortsteil Geiersnest und dann im Eremitagepark bei den ehemaligen Wirtschaftsgebäuden angenehme Biergärten. Man muss also nicht mit durstiger Zunge den Park und die Schlösser besichtigen.

Der Rote Main fließt durch eine Urwald artige Schlucht

Wegbeschreibung

Am Bahnhof Creußen gehen wir zur Bahnschranke. Sofern wir nicht den Ort besuchen wollen, folgen wir der kleinen Teerstraße ortsauswärts. Nach dem Bahnübergang geht nach links ein Weg mit der Markierung „Rotes M". Dort befindet sich ein Wegweiser nach Schlehenberg und Eremitage. Wir werden diesem Weg allerdings nicht folgen, da wir zu den „Drei Tannen" gehen möchten. So laufen wir auf der kleinen Teerstraße bergauf bis zu einem Einzelgehöft (Reicholdsweber). Nach dem Gehöft führt eine Straße nach links (Schild: Altenkünsberg). Auf dieser Straße kommen wir zum Wald. Hier geht es nach rechts auf einer nun ungeteerten Fahrstraße weiter. Nach etwa 10 Minuten gelangen wir zu einer Wegkreuzung. Rechts führt die Straße nach Altenkünsberg. Wir gehen geradeaus weiter. Wo der Wald endet, halten wir uns nach rechts und gehen direkt am Wald entlang und dann über Felder auf einem zunächst steinigen und dann grasigen Weg bis zur Höhe empor. Hier schwenken wir nach links ein und laufen etwas ansteigend an dem Hang entlang, bis wir uns in der Höhe des Gehöfts Reuthaus befinden. Hier müssen wir nur noch wenige Meter nach rechts zu dem Aussichtspunkt „Drei Tannen" (eigentlich sind es drei Fichten und ein Laubbaum) gehen. Dort befindet sich auch eine Sitzgruppe.

Dann laufen wir wieder ein paar Schritte zurück zu dem Feldweg. Nach rechts folgen wir diesem Weg am Hang. Er fällt nun ab bis zur Straße Reuthaus – Oberölschnitz. Auf der Straße geht es geradeaus weiter. Nach 150 m biegen wir nach

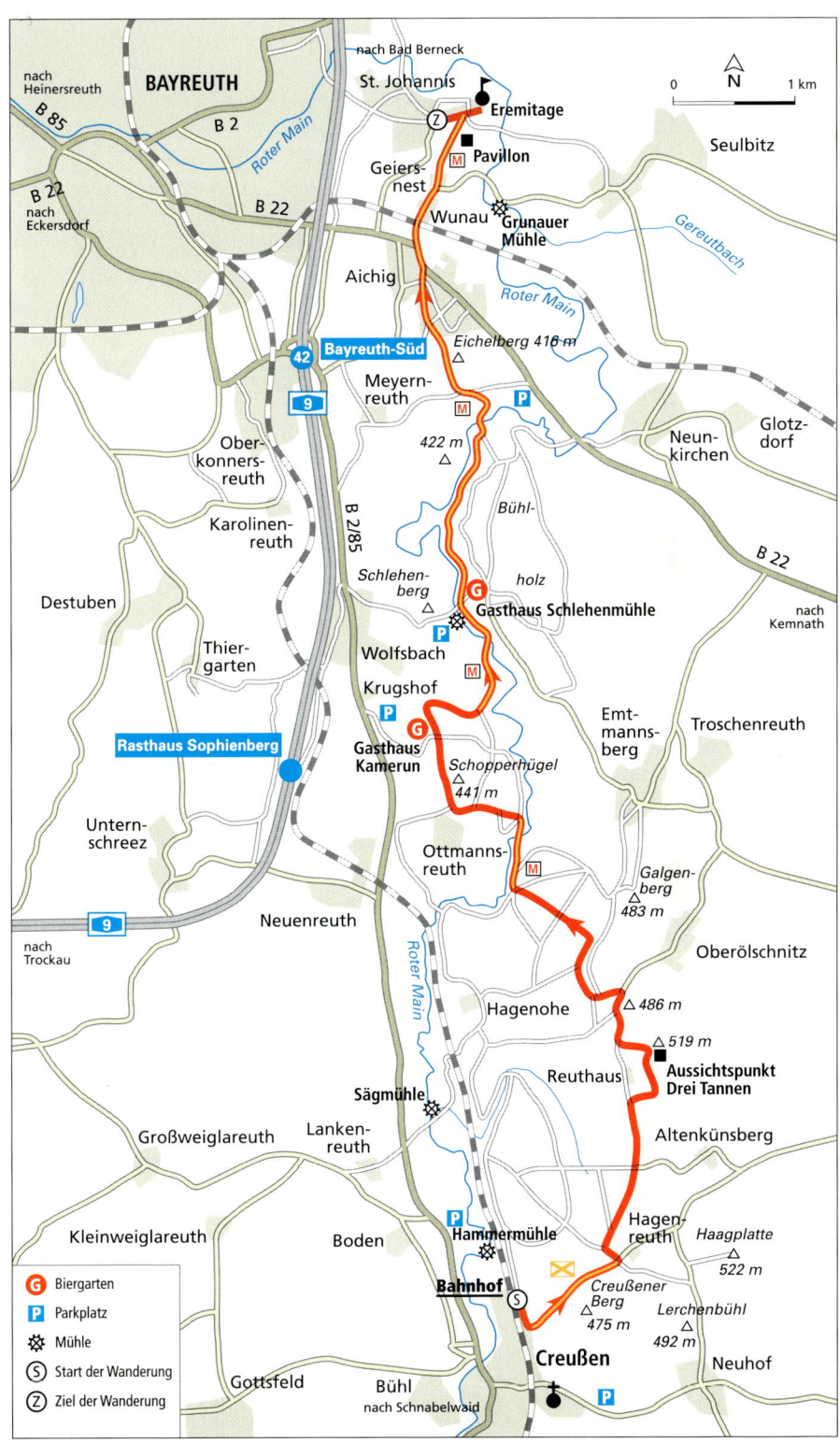

Wasserspiele bei dem Neuen Schloss im Park Eremitage

links ein und laufen bis zum Wald. Am Waldbeginn halten wir uns nach rechts (Zeichen Pegnitztal – Radweg). Bei der nächsten Waldstraßenkreuzung (nach etwa 8- 10 Minuten) geht es wieder nach rechts. Auf diesem Waldsträßchen bleiben wir allerdings nur noch vier bis fünf Minuten. Es führt dann rechtwinklig links ein kleinerer Waldweg von der Straße weg, dem wir uns anvertrauen. Ein Baum an der Abzweigung hat weiße Streifen. Auf diesem zunächst grasigen, dann moosigen Weg geht es immer geradeaus. Zwei größere Wege werden überquert. Etwas holperig geht es dann hinab ins Tal. Unten macht der Weg noch einen kleinen Knick nach links. Wir erreichen dann einen größeren Weg und finden die M- Markierung wieder. Wir folgen diesem Weg nach rechts, allerdings nur für wenige Meter. Auf der rechten Seite sehen wir einen Wegweiser, der den Rückweg nach Creußen anzeigt. Etwa gegenüber auf der linken Seite befindet sich der Einstieg in einen Waldpfad (markiert mit „M"). Der kleine Fußweg oberhalb des Roten Mains ist stellenweise rutschig! Die „M" – Zeichen führen uns zu einem Steg, auf dem der Fluss überquert wird. Nach dem Steg erreicht unser M- Weg bald eine Waldstraße. An dieser Stelle verlassen wir, um nach „Kamerun" zu gelangen, den markierten Weg, der rechts weiterführt und steigen auf der Waldstraße in westliche Richtung hoch und erreichen oben alsbald bei einer Scheune den Ortsrand von Ottmannsreuth. Hier schlagen wir den Flurweg nach rechts ein, der mit Obstbäumen bestanden ist und gehen auf diesem geradeaus, zuletzt durch Wald, bis zur Gaststätte Forsthaus Kamerun. Die Hunde, die uns dort bellend begrüßen, scheinen friedlich zu sein.

Zum Weitermarsch begeben wir uns auf den kleinen Waldpfad in gerader Verlängerung des Wegs, auf dem wir gekommen sind (in nördlicher Richtung). Die Zufahrtsstraße zur Gaststätte bleibt links liegen! Der Weg verläuft zunächst eben, dann bergab bis zu einem besser ausgebauten Weg. Bei diesem geht es scharf nach rechts. Bei der nächsten Wegkreuzung folgen wir dem Weg geradeaus und gehen in östlicher Richtung weiter, bis wir an einer kleinen Waldstraße wieder unsere Markierung „M" erreichen. Dieser folgen wir in nordöstlicher und nördlicher Richtung und steigen dann zum Roten Main hinab. Auf schönem Weg geht es zwischen dem Fluss und dem Mühlgraben der Schlehenmühle entlang. Ein Stück vor der Mühle wird der Main auf einem Steg überquert. Noch ein paar Schritte auf einem Wiesenweg bergauf und wir sind bei dem Gasthaus Schlehenberg.

Reich geschmückt ist der Apollotempel der Eremitage

Beim Parkplatz der Gaststätte geht es weiter. Ein Wegweiser zeigt uns den Weg zur Eremitage an. Auf der Waldstraße kommen wir zu einem Steg, auf dem wir den Fluss überqueren. Jenseits des Stegs geht es auf einem Fußweg hinauf zu dem Ort Aichig. Wir befinden uns noch immer auf dem „M"-Wanderweg. In Aichig laufen wir durch die Steinwaldstraße (aufgelockerte Straßenführung und schöne Bebauung!) und die Frankenwaldstraße zur B 22. An dieser folgen wir dem Rad- und Fußweg für 200 m nach links, überqueren dann die B 22 und wandern auf einer kleinen, nur für den Anliegerverkehr zugelassenen Straße weiter zum Ortsteil Geiersnest. Hier folgen wir der von Seulbitz kommenden Straße und gehen geradeaus weiter. Links liegt eine Gastwirtschaft mit Garten, rechts kommen wir an der ersten Stadtbushaltestelle vorbei. Kurz danach treten wir auf der rechten Seite in den Park der Eremitage ein. Auf Erläuterungstafeln können wir uns über den Park und seine Baulichkeiten unterrichten. Eine weitere Bushaltestelle befindet sich am Ausgang der Hauptallee des Parks im Ortsteil St. Johannis.

Die Biergärten der Wanderung zur Eremitage

Gaststätte Forsthaus Kamerun
Telefon: 0 92 09-3 30
Information: www.kamerun.de
Öffnungszeiten: Sonntags durchgehend geöffnet, werktags nur von 11 bis 14 Uhr und ab 17 Uhr.
Vom 1. Mai bis zu den Betriebsferien kein Ruhetag. Nach den Betriebsferien Ruhetag am Dienstag.
Betriebsferien zwischen der zweiten Septemberhälfte und der ersten Oktoberhälfte (evtl. nachfragen!).
Lage: Sehr ruhig mitten im Wald. Gedeckte Tische und Stühle auf einer Terrasse inmitten einer Wiese unter Obstbäumen. Teils sonnig, teils schattig. Auch Biergartenbereich mit Biergarnituren. Für Kinder ein Spielplatz und Streicheltiere.
Essen und Trinken: Reichhaltige Speisekarte mit italienischen Gerichten. Besonders spezialisiert auf Edelfischgerichte (in etwas gehobener Preisklasse). Pizza, Pasta und Fleischgerichte.
Biere, auch Weizen, von Maiselbräu Bayreuth, dunkles Bier von der Aktienbrauerei Bayreuth. Umfangreiche Auswahl an italienischen Weinen, offen und in Flaschen.

Gaststätte Schlehenberg
Telefon: 0 92 09-2 26
Öffnungszeiten: Durchgehend den ganzen Tag ab 9.30 Uhr. Donnerstag ist Ruhetag.
Lage: Ruhig, in der Nähe einer wenig befahrenen Straße. Garten mit schönem alten Baumbestand. Tische und Stühle mit sonnigen und schattigen Plätzen. Sandkasten und Schaukel für Kinder.
Essen und Trinken: Fränkische Küche, Brotzeiten. Sonntags Bratenküche und Klöße sowie Kaffee und Kuchen.
Bier von EKU Kulmbach, Maisel Weißbier.

Weitere Gaststätten
in Creußen, Aichig, Geiersnest (mit schattigem Biergarten) und Schloss Eremitage (Cafe beim Sonnentempel und netter Biergarten bei den ehemaligen Wirtschaftsgebäuden).